BIBLIOTHÈQUE
du
MOUVEMENT SOCIALISTE
VIII

GEORGES SOREL

La Révolution Dreyfusienne

PARIS
LIBRAIRIE DES SCIENCES POLITIQUES & SOCIALES
MARCEL RIVIÈRE
31, rue Jacob

1909

TABLE DES MATIÈRES

La Révolution Dreyfusienne

AVANT-PROPOS

Le 21 février 1889, Renan recevait Jules Claretie à l'Académie française; l'heureux directeur de la Maison de Molière avait débuté dans la littérature en faisant de l'histoire à la manière mélodramatique; il avait écrit, sur la révolte de prairial an III, un livre qui avait fait frissonner Michelet; mais il avait rapidement abandonné ce genre trop triste, pour prendre part à des exercices mondains. En 1889, la presse républicaine célébrait avec fracas le centenaire de la Liberté. Ce tapage ne pouvait beaucoup plaire à l'auteur de la *Réforme intellectuelle et morale* : Renan feignit de croire que les passions révolutionnaires avaient dominé une grande partie de la vie de son nouveau confrère et il eut ainsi un prétexte pour énoncer sur la Révolution des observations qu'il sera toujours utile de consulter quand on voudra raisonner sur des bouleversements politiques.

« La Révolution, disait l'orateur, ne doit pas être jugée par les mêmes règles que les situations ordinaires de l'humanité. Envisagée en dehors de son caractère grandiose et fatal, la Révolution n'est qu'odieuse et horrible. A la surface, c'est une orgie sans nom. Les hommes, dans cette bataille étrange, valent en proportion de leur laideur. Tout y sert, excepté le bon sens et la modération. Les fous, les incapables, les scélérats y sont attirés par le sentiment instinctif que leur moment d'être utiles est venu. Le succès des journées de la Révolution semble obtenu par la collaboration de tous les crimes et de toutes les insanités. Le misérable qui ne sait que tuer a de beaux jours. La fille de joie, la folle de la Salpêtrière y a son emploi. Le temps avait besoin d'étourdis, de scélérats; il fut servi à souhait (1).

« Ce fut une œuvre aussi inconsciente qu'un cyclone emportant sans choix tout ce qui est à sa portée. La raison et la justice sont peu de chose pour le colossal tourbillon... Voilà pourquoi les hommes de la Révolution sont l'objet de jugements si contradictoires. Ces ouvriers d'une œuvre de géants, envisagés en eux-mêmes, sont des pygmées.... Votre Camille Desmoulins, ... c'était vraiment peu de chose : une paille enlevée par le vent, un étourdi, un gamin de génie, comme vous l'appelez, un écervelé que l'enivrement de l'heure entraîne... La gravité terrible des événements faisait des hommes de génie pour un an, pour trois mois. Puis, abandonnés par l'esprit qui les avait un moment soutenus, ces héros d'un jour tombaient, à bout de forces, affolés, hagards, stupéfiés, incapables de recommencer la vie. Napoléon fut dans le vrai en faisant d'eux des expéditionnaires et des sous-chefs (2).

« Les pires ennemis des grands hommes de la Révolution sont donc ceux qui, croyant leur faire honneur, les mettent dans la catégorie des grands hommes ordinaires. Ce furent des inconscients sublimes, amnistiés par leur jeunesse, leur inexpérience, leur foi. Je n'aime pas qu'on leur décerne des titres de noblesse...

(1) Renan, *Feuilles détachées*, pp. 242-243. — Le 26 novembre 1908, Francis de Pressensé apprit aux députés, surpris de cette révélation, que « le glorieux 14 Juillet fut, en fait, une émeute de soldats débauchés et déserteurs ». Bien qu'il y eût dans ce monde beaucoup de souteneurs, il faut entendre par soldats débauchés des hommes qui avaient abandonné leur poste.

(2) Renan, *op. cit.*, pp. 245-246.

Je n'aime pas, surtout, qu'on leur élève des statues. Quelle erreur ! quel manque de goût ! Ces hommes ne furent pas grands ! ils furent les ouvriers d'une grande heure. Il ne faut pas les proposer à l'admiration; ceux qui les imiteraient seraient des scélérats (1).

« Les centenaires appellent les apothéoses; c'est trop. Une absoute solennelle avec panégyrique (2), rien de mieux; un embaumement où le mort est enveloppé de bandelettes, pour qu'il ne ressuscite plus, nous plairait aussi infiniment... La Révolution doit rester un accès de maladie sacrée, comme disaient les anciens (3).

« Quand on envisage l'ensemble, — qu'on tient compte surtout de ce grand coefficient des choses humaines, la victoire, qui fait que beaucoup de folles tentatives (4) doivent être jugées par le succès, — le phénomène général de la Révolution apparaît comme un de ces grands mouvements de l'histoire qu'une volonté supérieure domine et dirige... La Révolution eut un génie qui présida chaque jour à ses actes et qui, en vue du succès, ne se trompa guère (5). »

Débarrassons ces formules magnifiques des images que Renan aimait à employer chaque fois qu'il devait exprimer ses vues sur la marche des évé-

(1) RENAN, *op. cit.*, pp. 247-248.

(2) L'intention ironique est évidente, le panégyrique comportant une forte dose de rhétorique mensongère.

(3) RENAN, *op. cit.*, pp. 248-249.

(4) « Ce fut une folle *emprise,* à la façon des vœux chevaleresques du Moyen Age. La gageure réussit par fureur, par amour, par la conviction enragée qu'il fallait qu'elle réussît. » (RENAN, *op. cit.*, p. 244.) — « Ils réussirent par une gageure incroyable, contre toute vraisemblance » (p. 248).

(5) RENAN, *op. cit.*, pp. 243-244.

nements majeurs, nous obtiendrons quelques conclusions prosaïques qui s'appliqueront parfaitement à l'affaire Dreyfus.

L'historien, appelé à étudier les cataclysmes politiques, ne doit pas essayer de les expliquer par le génie des hommes auxquels l'opinion vulgaire attribue la gloire d'avoir changé le cours des choses; — il y a, en effet, une disproportion évidente, énorme, et, serait-on tenté de dire, scandaleuse, entre la valeur intellectuelle et morale des révolutionnaires et les résultats que le temps a fini par enregistrer; — si donc l'on fait quelquefois sortir les protagonistes de l'ombre discrète qui convient si bien à leur médiocrité, ce doit être pour montrer que leur prétendu génie est une illusion engendrée par la gravité des troubles au milieu desquels ils ont vécu.

Les personnages de l'affaire Dreyfus n'ont pas eu, — comme l'ont eue presque tous les hommes marquants de la Révolution, — la bonne fortune de recevoir la consécration du malheur. Renan avait mille fois raison quand il estimait heureux pour Camille Desmoulins et pour les condamnés de prairial qu'ils eussent été fauchés jeunes par la guillotine (1). Non seulement les dreyfusards ont été comblés d'honneurs, mais encore ils n'ont pas su jouir, en général, de leur triomphe avec quelque pudeur; ils n'auront pas de légende; ils sont donc beaucoup plus faciles à connaître que les *grands ancêtres* (2).

Joseph Reinach a écrit un ouvrage énorme, en vue d'élever un monument littéraire à la mémoire des luttes civiles soutenues pour sauver Dreyfus; on ne peut accuser un tel auteur d'avoir voulu diminuer ses

(1) Renan, *op. cit.*, pp. 241-242.

(2) Une exacte connaissance des héros dreyfusards permet de dissiper beaucoup des légendes tenaces qui entravent encore la connaissance des héros de 93.

personnages, en raison de la haine qu'il éprouverait pour la cause qu'ils défendaient ! or, son *Histoire de l'affaire Dreyfus* nous montre des protagonistes bien médiocres. Dans les premiers volumes, Joseph Reinach a été souvent obligé de beaucoup ménager des compagnons de lutte qui pouvaient être encore utiles pour faire aboutir la seconde révision du procès; mais dans le sixième volume, composé après l'arrêt du 12 juillet 1906, qui réhabilita Dreyfus, il a pu s'exprimer plus librement; le lecteur doit se reporter à cette dernière partie de l'œuvre pour corriger ce que les précédentes présentent trop souvent d'imparfait.

Picquart sort fort maltraité des dernières études de Joseph Reinach : « Ce soldat, qui s'est élevé si haut par la vérité, en a perdu peu à peu la claire et saine notion... Le grand charme qui lui venait de sa modestie n'a pas résisté aux *coteries* où on l'adule et à la solitude où il revit incessamment sa dramatique aventure... Il est dominé, comme il le serait par une femme, [par Clemenceau], par ce dur jongleur d'idées (1). » — « Il sembla parfois qu'il gâtait [au cours de sa déposition devant la Cour de cassation] comme à plaisir la belle image que les événements avaient faite de lui (2). » — « La destinée avait porté Picquart plus haut que sa taille (3). »

Jaurès n'a pas à se louer d'être tombé au rang d'un commis-voyageur de la Justice en disponibilité : Il a, nous dit-on, des « inquiétudes de démagogue, la peur de n'être pas toujours le plus avancé »; il avait été « indulgent pour Gohier tant que Gohier l'avait été pour lui; il ménageait un autre professeur d'antipatriotisme, Hervé, qui prêchait la grève générale en

(1) J. Reinach, *Histoire de l'affaire Dreyfus*, tome VI, pp. 155-156. Ce livre sera cité désormais sans indication de l'auteur et du titre.
(2) *Loc. cit.*, p. 332.
(3) *Loc. cit.*, p. 437.

temps de guerre et le mépris du drapeau » (1) ; — « Au fond, il pensait comme [les révolutionnaires qui voulaient avilir l'armée], était avec eux, comme le prisonnier avec les porte-clefs. La Droite, le Centre, nombre de radicaux affectaient de lui préférer son extrême-gauche qui avait le *mérite de la franchise* et de la logique » (2) ; — « Pour combattre Guesde, rival souvent personnel, âpre et dur, mais logique et *probe,* il lance Briand » ; celui-ci propose aux ouvriers pour panacée la grève générale; mais, de son propre aveu, cette provocation à la révolution n'était qu'une manœuvre destinée à jeter le désordre dans les rangs des adversaires de Jaurès; en sorte, qu'on pourrait dire de « Jaurès, qui figure le socialisme réformiste, [qu'il] alimente le socialisme révolutionnaire, en attendant qu'il capitule devant lui » (3).

Lorsque le général André organisa contre Dautriche et trois autres officiers de l'ancien bureau des renseignements, ce procès que Joseph Reinach nomme, si justement, une « parodie de justice » et prit contre eux des mesures particulièrement vexatoires, « seul des principaux promoteurs de la révision, Jaurès appuyait André; les autres se turent, le blâmant intérieurement » (4). Enfin, dans l'affaire des délateurs, il intervint de la façon la plus éloquente et la plus

(1) *Loc. cit.,* p. 218.

(2) *Loc. cit.,* p. 243.

(3) *Loc. cit.,* p. 430. — Il semble bien que l'auteur oppose ici la probité de Guesde à la roublardise paysanne de Jaurès et au cynisme de Briand ; ce dernier est appelé par lui un « avocat sans philosophie » ; l'expression est jolie. La « finesse paysanne » de Jaurès est signalée à la page 220.

(4) *Loc. cit.,* pp. 377-378. L'auteur estime que ce procès était « sans profit pour personne, hors les amateurs de scandales militaires, les amis d'Hervé ».

fâcheuse, « dépassant Combes et André lui-même » (1).

Cette insuffisance des protagonistes apparaît d'une manière particulièrement saisissante dans le livre de Joseph Reinach, parce que l'auteur est persuadé qu'il écrit une grande histoire et qu'il s'efforce, en conséquence, de hausser le ton au niveau de celui d'un Salluste ou d'un Tacite. La misère des aventures est ainsi mise en relief par le contraste qu'elles présentent avec le cadre que leur impose le narrateur.

Si nous n'avions pas le jugement prononcé par Renan sur la Révolution, nous aurions beaucoup de peine à comprendre comment nos institutions ont pu être bouleversées, d'une manière définitive, par des personnages aussi mesquins que ceux que nous voyons s'agiter dans l'affaire Dreyfus; mais nous savons par Renan que la médiocrité des hommes se concilie parfaitement avec l'importance majeure des résultats. L'affaire Dreyfus ne mérite vraiment d'être racontée en détail que dans la forme du roman-feuilleton; mais si on l'étudie comme révolution, elle devient intéressante pour le philosophe. Le livre de Joseph Reinach nous sera extrêmement précieux dans ce travail (2) ; il nous fait connaître les points de vue des vainqueurs; ce sont ces points de vue que le philosophe de l'histoire a besoin de connaître, car les vaincus comptent pour bien peu de chose à ses yeux.

(1) *Loc. cit.*, p. 415. « Il s'exaltait à la manière d'un prophète s'envolant en magnifiques périodes, sans souci d'ailleurs de se contredire. »

(2) Ma brochure était complètement écrite quand a paru le *Précis de l'affaire Dreyfus*, d'Henri Dutrait-Crozon. — Comme mes appréciations ne sont pas toujours très favorables aux dreyfusards, j'ai laissé, le plus que j'ai pu, la parole à Joseph Reinach.

I

Composition générale des révolutions politiques. — Les coups d'Etat. — Période des résultats. — Théories qui servent à les justifier.

Lorsque je parle de la révolution dreyfusienne, je ne veux pas seulement dire que la réhabilitation du capitaine Dreyfus, deux fois condamné par des Conseils de guerre, n'a pu être réalisée qu'à la suite d'un si grand ébranlement de nos traditions, que nous sommes entrés dans une ère nouvelle, qui se distingue par des caractères très marqués, du temps antérieur : c'est là un fait si évident qu'il serait à peine besoin d'insister sur lui. Je ne veux même pas me borner à rappeler que cette transformation résulte de ce qu'on a nommé « l'élargissement de l'Affaire » ; les dreyfusards, pour vaincre des forces conservatrices imprévues qui les arrêtaient, ont été obligés de faire appel à des masses populaires qui se plaignaient depuis longtemps de l'ordre établi, pour lesquelles la République avait jusqu'alors plutôt multiplié les condamnations que les réformes et qui finirent par faire peur à leurs alliés d'un jour, après avoir intimidé les conservateurs ; il a bien fallu essayer d'apaiser ces mécontents par des lois sociales (1). Je veux surtout appeler l'attention sur les analogies qui existent entre nos récents boule-

(1) Sur l' « élargissement de l'Affaire », cf. tome IV, pp. 415-419, et tome VI, pp. 426-434. — Notre auteur se représente naturellement les choses sous un jour plus idéaliste que moi ; par exemple, il glorifie les « nobles et intelligents efforts vers la paix sociale » que firent les intellectuels dans les Universités populaires (p. 429) ; tout cela est beaucoup plus mesquin.

versements et nos anciennes révolutions politiques ; ces analogies peuvent servir : soit à mieux comprendre notre devenir social, soit à mieux analyser le passé.

Dans les révolutions, il faut distinguer deux périodes.

La première comprend : les troubles qui ont accompagné la chute d'un ancien régime, — des luttes sans merci et parfois sanglantes auxquelles se sont livrés les partis se disputant le pouvoir, — une législation de circonstance et souvent férocement partiale, destinée à faire disparaître définitivement la puissance des vaincus. On rencontre alors une accumulation d'épisodes analogues à ceux qui sont familiers aux professionnels de l'histoire politique ; et ces épisodes sont bien plus passionnants que ceux des temps ordinaires ; des hommes habiles dans l'art d'extraire des documents les récits les plus aptes à intéresser un public étendu, trouvent donc dans l'étude d'une telle époque de belles occasions pour exercer leur adresse ; il est naturel que tant d'auteurs se sentent attirés vers des événements qui leur permettent d'employer leur talent d'une manière fructueuse.

Vient ensuite une période de calme, de contrainte, de dictature, qui paraît si décolorée, à côté de la précédente, qu'on a pu souvent se demander si le génie national n'avait pas été épuisé par les efforts surhumains qu'il avait dû faire pour supprimer l'ancien régime. Ces temps d'une vie politique très plate n'intéressent pas les narrateurs de hauts faits ; aussi les chroniqueurs ont-ils peine à croire que ces temps puissent appartenir au même ensemble que les troubles ; c'est à ceux-ci qu'on réserve vulgairement le nom de révolution, parce qu'ils semblent présenter seuls la marque du génie novateur.

Les analogies que l'on doit chercher à établir entre les diverses révolutions, se rapportent seulement à leur plan d'ensemble, ou si l'on veut à leur composition. Il ne faudrait pas s'attendre à trouver nécessairement des aventures sanglantes analogues à celles de 1793.. En 1848, tout aurait pu se passer d'une manière assez pacifique si, au mois de juin, le prolétariat parisien ne s'était cru assez fort pour essayer de faire entrer dans la pratique le droit au travail, — qui, d'après ce que disaient les publicistes du temps, était appelé à devenir la base de l'ordre nouveau. Les ouvriers succombèrent dans la lutte et les républicains crurent politique de les traiter comme les *grands ancêtres* avaient traité la noblesse.

Les chroniqueurs attachent une importance fort exagérée aux actes de force par lesquels se clôturent souvent les époques troublées ; la description de ces actes les dispense de chercher les vraies causes du changement. Les vaincus dénoncent, avec fureur, la méchanceté de gens avides, ambitieux et dénués de scrupules qui ont violé les lois pour satisfaire leur passion de domination. Les vainqueurs soutiennent qu'ils ont sauvé le pays de désastres effroyables et se décernent facilement le titre de *pères de la Patrie*. Ainsi arrive-t-on à ne plus comprendre la vraie portée des événements.

Ce qu'il y a de vraiment essentiel, c'est la transformation qui se produit dans le cours des idées. Que sont les incidents dramatiques du 2 décembre, si véhémentement racontés par Victor Hugo, à côté de ce fait constaté par Marx : que la bourgeoisie industrielle et commerçante était irritée contre les parlementaires, qui étaient censés la représenter et qui faisaient une opposition acharnée au président (1) ?

(1) Marx, *La lutte des classes en France. Le XVIII brumaire de Louis Bonaparte* ; trad. franç., pp. 318-320. — Marx note que, dans les villes visitées par le prince président, les notabilités bourgeoises et notamment les juges

Elle voulait un gouvernement fort qui mît fin à toutes les intrigues stériles des groupes, qui la protégeât contre les dangers dont la menaçaient les sociétés secrètes, et qui donnât une vive implusion à la construction des chemins de fer.

Il arrive toujours un moment où le pays cesse de se passionner pour les espérances inouïes qui avaient rempli le cœur des premiers promoteurs de la révolution ; ces espérances finissent même par être dénoncées, par les gens sages, comme étant des illusions dangereuses, capables d'égarer les esprits ; des espérances qui avaient trait à la régénération de l'humanité, on passe aux moyens pratiques propres à réaliser des résultats avantageux très limités. Le jour où un nombre considérable des principaux acteurs du drame révolutionnaire estiment que leurs intérêts, leur passions, leurs préjugés ont reçu une satisfaction raisonnable, tout homme d'Etat qui se sent du goût pour exercer un pouvoir fort, peut tenter la fortune avec les plus grandes chances de succès.

Si les agitateurs sont assez bons enfants pour se laisser faire, le maître n'aura pas besoin d'avoir recours à des moyens bien exorbitants. Au 18 brumaire, tout se passa d'une manière presque légale ; au 2 décembre, la force fut employée plus brutalement parce que le gouvernement croyait les sociétés secrètes plus fortes qu'elles n'étaient en réalité ; il prescrivit des mesures promptes, énergiques et décisives ; les fonctionnaires voulurent faire du zèle et exagérèrent souvent la répression ; mais, somme toute, Melchior de Voguë n'était pas très éloigné de

consulaires se déclarèrent avec force en faveur du pouvoir exécutif contre la Chambre. Les condamnations prononcées contre les journaux hostiles au gouvernement se rattachent au même état d'esprit : le jury était pour Napoléon.

la vérité, quand il appelait ce coup d'Etat · « une opération de police un peu rude (1). » Généralement les vainqueurs cherchent à effacer, le plus rapidement possible, le souvenir des mesures tyranniques qu'ils avaient dû prendre durant la crise ; cela leur sera d'autant plus facile que l'opinion se montrera plus nettement hostile à la renaissance des institutions supprimées.

La deuxième période des révolutions est celle qui intéresse surtout les historiens des institutions. Au début, il y avait un tel désordre dans les protestations, dans les vœux, dans les projets présentés qu'il eût été impossible de savoir à quoi pourraient aboutir les temps troublés ; les résultats acquis durant les temps calmes sont censés constituer tout ce que le premier mouvement révolutionnaire avait renfermé d'essentiel ; ce qui n'a pas abouti étant réputé erreur, illusion ou fantaisie individuelle. Suivant le point de vue auquel on se place, on peut dire : soit que la révolution est alors finie, soit qu'elle arrive (2) ; le premier point de vue est celui des chroniqueurs, le second se rencontre chez les historiens des institutions.

Souvent les auteurs discutent la question de savoir à qui revient le mérite d'avoir gratifié le pays du régime nouveau : les uns, désireux de plaire aux maîtres du jour, vantent leur science, leur habileté, leur énergie et les regardent comme des créateurs ; d'autres, plus disposés à s'intéresser aux aventures qu'aux résultats, soutiennent qu'on devrait faire porter toute sa reconnaissance sur les gens qui ont bouleversé l'ancien monde et qui auraient fait beau-

(1) Dans son discours du 25 mars 1898, en recevant Gabriel Hanotaux à l'Académie française.

(2) Frédéric Masson veut que le Consulat soit l'avènement de la Révolution.

coup mieux que leurs successeurs si on les avait laissé faire (1). Cette querelle serait vaine si les deux périodes d'une révolution ne formaient pas un tout que le philosophe ne saurait dissocier.

Lorsque le calme est complet et que l'avenir se présente comme assuré, on s'occupe d'élever la nouvelle génération dans l'idée que le nouveau régime est fondé sur des théories de droit public incontestables. A partir de Napoléon Ier, on s'est efforcé de faire voir que les transformations réalisées étaient la conséquence des principes de la justice naturelle, que l'esprit humain était parvenu à découvrir et dont l'excellence était prouvée par la prospérité des pays assez heureux pour avoir pratiqué le droit napoléonien. Après 1852, il y eut un énorme développement de la richesse en France ; notre société parut se rapprocher, grâce à l'extension des affaires, du type que l'économie politique de la libre concurrence regarde comme le meilleur ; pendant longtemps, l'enseignement fut dirigé de manière à faire ressortir les conclusions optimistes de l'économie dite libérale.

Les dreyfusards ont été amenés à faire beaucoup de législation sociale, dans le but d'attacher à leur gouvernement les classes pauvres qui leur inspirent une terreur effroyable. Une nouvelle philosophie a été créée pour persuader aux riches qu'ils ont à remplir un grand devoir social, celui de subir de lourdes charges pour permettre à l'Etat, issu de l'Affaire, de répandre ses bienfaits sur les pauvres. C'est ce qu'on nomme la philosophie de la solidarité ; c'est ce qu'il serait plus exact de nommer la *philosophie de l'hypocrite lâcheté.*

(1) C'est ainsi qu'on a parfois, de nos jours, revendiqué pour les Conventionnels une gloire qu'on attribue d'ordinaire à Napoléon.

II

Motifs avoués et motifs réels. — Francis de Pressensé. — Gens du monde, savants et hommes de lettres. — Les raisons de Zola.

Pour les amateurs de curiosités révolutionnaires, l'affaire Dreyfus constitue une expérience historique d'une valeur inestimable. On y reconnaît, entre autres choses, qu'on ne saurait accepter comme valables les motifs que les protagonistes du drame donnent pour expliquer leur conduite. Le manifeste adressé le 24 juillet 1898 « aux travailleurs de France » par les guesdistes va nous fournir un excellent exemple.

Le jour où Boisdeffre déclara à la Cour d'assises, chargée de juger Zola, que les généraux étaient prêts à donner leur démission si le jury n'avait pas confiance en eux (18 février 1898), Jaurès dit, dans les couloirs de la Chambre : « Jamais la République n'a couru un pareil danger... Si on laisse faire, c'est qu'il n'y a plus ni républicains, ni socialistes. » Les députés socialistes se divisèrent sur la conduite à tenir (1) : Chauvin et Guesde, qui avaient été des premiers parlementaires gagnés à la cause de la révision (2),

(1) Tome III, p. 466.

(2) *Loc. cit.*, p. 34. — Joseph Reinach nous renseigne assez mal sur l'évolution des opinions de Jaurès : on ne sait, en lisant son livre, ni quand, ni pour quelles raisons Jaurès fut convaincu de l'innocence de Dreyfus : il avait froidement accueilli Bernard Lazare à la fin de 1896 (tome II, p. 428) ; le 24 janvier 1898, Jaurès disait à la Chambre qu'il n'avait pas encore de certitude (tome III, p. 312), et il paraît qu'au procès Zola il « résistait, ne pouvait se résigner à la réalité » (tome IV, p. 138). On peut sup-

engagèrent Jaurès à monter à la tribune au nom du parti; mais Jaurès ne voulut pas suivre leur avis, de peur de déplaire à Millerand. Chauvin et Guesde songeaient, en février, à lancer un manifeste dreyfusard (1) ; cinq mois plus tard, ils conseillaient l'abstention aux travailleurs ! Personne n'a été dupe des vaines raisons qu'ils donnèrent pour justifier leur nouvelle attitude ; Joseph Reinach suppose que Guesde fut « apeuré par l'hostilité de l'opinion » (2); on a dit qu'il avait voulu gêner la formation de l'unité socialiste préconisée par Jaurès au meeting du Tivoli-Vauxhall, le 7 juin précédent ; quelques personnes pensent encore que Chauvin avait éprouvé un vif dépit de ne pas avoir réussi à obtenir des dreyfusards les fonds nécessaires à la fondation d'un journal quotidien ; il est encore très possible que ce manifeste eut pour but principal d'affaiblir le succès que les *Preuves* de Jaurès allaient procurer à la *Petite République;* ce grand plaidoyer commença à paraître le 10 août, mais il était attendu depuis déjà quelque temps (3). En tout cas, ce sont certainement des raisons d'ordre assez médiocre qui moti-

poser que Jaurès a été converti par les discours de Jaurès ; et c'est peut-être ce que veut dire notre auteur quand il écrit : « Son cœur, sa raison, *son éloquence* avaient choisi » (tome III, p. 33).

(1) Cf. l'article de Gabriel Deville dans la *Petite République* du 1er décembre 1900. Quatre députés socialistes appuyèrent Millerand : Viviani, Jourde, Calvinhac et Deville.

(2) Tome IV, p. 148.

(3) A la fin de l'année 1900, on racontait, un peu partout, que les *Preuves* parurent après d'assez pénibles négociations engagées entre la *Petite République* et de riches dreyfusards. La *Libre Parole* du 25 octobre dit tenir d'un guesdiste que le premier article fut ainsi retardé d'une quinzaine ; ce journal a eu, pendant longtemps, d'excellents informateurs parmi les guesdistes.

vèrent ce manifeste, qui produisit un énorme scandale en son temps.

Pendant les années où se prépare la chute d'un ancien régime et durant les périodes troublées des révolutions, beaucoup d'hommes semblent être entraînés par quelques démons malicieux qui les forcent à agir d'une manière opposée à celles que devraient leur suggérer leurs anciennes habitudes de vivre, les préjugés de leur éducation ou leurs intérêts les plus évidents. Cependant, il est souvent arrivé aux historiens de se laisser prendre aux raisons élevées que des aristocrates, devenus révolutionnaires, ont données pour expliquer leurs folles aventures.

L'affaire Dreyfus est très propre à nous montrer que ces raisons élevées sont des farces.

On signale, dans l'histoire des révolutions, peu de conduites aussi paradoxales que celle de Francis de Pressensé; en des circonstances ordinaires, elle eût passé pour de la pire démence ; Joseph Reinach, qui a vu tant de choses extraordinaires, n'est pas sans être un peu surpris. Ce journaliste était, depuis longtemps, un des oracles des bourgeois modérés ; les ministres du Saint-Evangile n'arrivaient pas à comprendre l'aveuglement des ministères qui n'appelaient point un si grand diplomate à diriger notre politique extérieure; ils le tenaient pour un Richelieu (1). Les catholiques n'avaient guère moins d'admi-

(1) Je conseille fort la lecture du discours prononcé par ce prétendu diplomate, le 26 novembre 1908, sur les relations franco-allemandes. — Joseph Reinach reconnaît qu'il arrivait à Francis de Pressensé « d'avoir le renseignement inexact et la plume fâcheuse » (tome V, p. 139) ; ce ne sont pas des qualités fort diplomatiques. Cette observation vient, à propos d'un article dans lequel le colonel de Saxcé avait été traité de bourreau, alors qu'il ne se cachait point pour se montrer favorable à l'hypothèse de l'innocence de Dreyfus.

ration pour lui, depuis qu'il avait publié un si enthousiaste panégyrique du cardinal Manning ; on avait cru un moment qu'il se soumettrait à Rome (1). Il avait écrit, le 15 février 1897, que la République devrait confier sa destinée aux *ralliés* (2), et il avait reproché à son ami Méline d'être trop « faible contre les partis avancés » (3). On aurait dû s'attendre à rencontrer Francis de Pressensé parmi les adversaires de la révision; nul n'aurait pu écrire avec une plume plus prud'homesque sur le principe de la « chose jugée » et sur la « majesté des jugements » (4). On ne sait pas par quel concours de hasards il fut conduit à supposer que le jugement de 1894 devait être revisé.

Dès que Francis de Pressensé eut fait cette supposition, il ne put admettre que tout le monde n'acceptât pas sa manière de voir. Les contradictions qu'il rencontra lui semblèrent constituer une révolte sacrilège qui marquait l'heure des cataclysmes prédits par l'Apocalypse ; la bourgeoisie, qui refusait d'obéir à un maître jusqu'alors si vénéré, ne pouvait plus demeurer classe dirigeante. Francis de Pressensé se donna pour mission de découvrir une nouvelle élite qui recevrait de ses mains augustes la consécration impériale. « La douleur qu'il éprouva, dit Joseph Reinach, quand il vit les pouvoirs publics..... se cramponner à un jugement inique, le *pro-*

(1) Je crois qu'il est aujourd'hui athée, comme beaucoup de notables protestants qui ont la prétention de marcher à la tête des mouvements modernes. Ils redoutent fort le reproche que leur fait Joseph Reinach d'être « illogiques » dans leur libre examen (tome IV, p. 136).

(2) Tome III, p. 624.

(3) Tome IV, p. 272.

(4) Cette noble formule est de Brisson, qui ne voyait pas, avant le suicide du colonel Henry, de raison pour contester la sentence de 1894.

jeta dans le socialisme révolutionnaire. Il en adopta les idées généreuses ou chimériques et les *haines*..... Il ne tendit pas seulement la main aux ouvriers, mais aux agitateurs professionnels, et à d'autres *qui étaient moins purs* (1) ».

La vanité incommensurable d'un médiocre barbouilleur de lourdes chroniques, parvenu, grâce à des coteries protestantes, à une situation qui était hors de proportion avec son petit talent (2), explique parfaitement la conduite de Francis de Pressensé. Dans toutes les révolutions nous trouvons de tels aristocrates dont l'orgueil niais joue un rôle considérable ; ces gens-là contribuent très puissamment à ruiner les groupes qui devraient défendre l'ordre établi.

Ceux des gens du monde qui se mêlent de politique conservatrice sont généralement très dangereux pour la cause qu'ils soutiennent ; habitués à satisfaire facilement leurs caprices, ils ne voient dans les luttes civiles que des occasions de se distinguer, en faisant des niches aux personnes qui leur semblent susceptibles de se laisser brimer. Les députés de la Droite n'ont jamais bien su en quoi consistait l'affaire Dreyfus ; ils s'agitèrent beaucoup, mais sans

(1) *Loc. cit.*, p. 272. — Ainsi il n'y aurait pas eu que des étourdis, mais peut-être aussi des scélérats dans l'affaire Dreyfus. — On remarque l'ironie de l'expression « projeter dans le socialisme » ; notre auteur indique discrètement, mais clairement, qu'il n'y eut pas de raisonnement. — Le bourgeois dreyfusard veut bien condescendre jusqu'à tendre la main aux ouvriers, mais il garde le sentiment des rangs.

(2) Dans le *Socialiste* du 27 octobre 1901, Charles Bonnier, qui est le principal théoricien guesdiste, disait trouver dans Francis de Pressensé : « l'insondable ignorance qu'un bon protestant peut joindre à une magnifique assurance » ; et il se moquait de son « style gris-protestant ».

jamais se préoccuper des conséquences que pouvaient avoir leurs votes ; leur étourderie les a conduits à une série de fausses manœuvres qui ont, presque toutes, favorisé les intérêts de leurs ennemis (1) ; quand l'arrêt de réhabilitation fut rendu, ils ne trouvèrent rien à dire pour montrer que c'était un défi au bon sens ; ils ne surent pas non plus opposer des arguments graves au projet qui accordait à Picquart des faveurs si scandaleusement exceptionnelles, qu'on n'avait rien vu de comparable depuis le temps où la Restauration avait récompensé les services des émigrés (2).

Nos contemporains, qui ont un si grand respect pour la science (3), furent très surpris en constatant que les hommes de science ne parvenaient pas à s'entendre sur l'affaire Dreyfus. Joseph Reinach ne peut arriver à comprendre comment Brunetière, « ce puissant dialecticien, si robuste, qui pénétra au cœur des sujets les plus ardus », perdit dans ces circonstances « toute sa logique, sa force si sûre de déduction (4). Mais voici quelque chose de plus curieux : Taine et Pasteur croyaient avoir été surtout des hommes de méthode rigoureuse ; chacune de leurs familles intellectuelles aurait donc dû être unie pour porter sur l'Affaire un même jugement scientifiquement motivé ; mais elles se divisèrent (5). Les sa-

(1) C'est ainsi qu'ils forcèrent Méline à faire le procès de Zola. — Ce sont très probablement des intrigues de gens du monde qui amenèrent Galliffet à donner sa démission ; le résultat fut de livrer l'armée à l'insanité du général André.

(2) Denys Cochin prononça un de ces discours spirituels et vides d'idées qui conviennent parfaitement aux gens du monde.

(3) J'entends le mot *science* au sens très général qu'on lui donne le plus souvent aujourd'hui.

(4) Tome III, p. 535.

(5) *Loc. cit.*, p. 246.

vants sont de bien mauvais guides (1). Toute doctrine est à leurs yeux une thèse pour discussions scolaires ; tant qu'une opinion a pour elle des autorités respectables, elle trouve d'ardents partisans ; presque toujours les sophismes les plus audacieux sont employés sans pudeur par les savants dans leurs joutes académiques.

L'expérience de l'affaire Dreyfus montre comment agissent les hommes de lettres, dont le rôle est toujours si grand dans les révolutions. Anatole France avait jadis fort admiré l'ordre du jour par lequel le colonel du 12e chasseurs avait prescrit de *brûler sur le fumier* tout exemplaire du *Cavalier Miserey*, découvert à la caserne ; au lieu de continuer à défendre le respect de la hiérarchie, il devint un dreyfusard intempérant (2) ; sa vanité recherchait les applaudissements que ses balivernes obtenaient dans les meetings (3). Jadis il avait jugé les romans de Zola avec sévérité : dans la *Terre* (les *Géorgiques* de la crapule), l'auteur avait « comblé la mesure de l'indécence et de la grossièreté » ; — à propos du *Rêve* : « S'il fallait absolument choisir, à M. Zola ailé, je préfèrerais encore M. Zola à quatre pattes... Il tombe à chaque instant dans l'absurde et le monstrueux » ; — « Jamais homme n'a fait pareil effort pour avilir l'humanité... Son œuvre est mauvaise, et il est de ces malheureux dont on peut dire qu'il vaudrait

(1) *Loc. cit.*, p. 248. — Le *faux Henry* trompa « des hommes qui avaient fait de l'histoire l'étude de leur vie,..... *la moitié de l'Institut* » (tome IV, p. 32. Cf. tome II, p. 424).

(2) Tome IV, p. 501. — Anatole France hésita d'abord beaucoup ; mais des relations mondaines que tout le monde connaît l'empêchaient d'être antidreyfusard.

(3) « Anatole France grossit sa voix, ironique jusqu'alors : Ne faites entendre que le langage de la raison, mais avec un bruit de tonnerre », disait-il le 1er décembre 1898. (*Loc. cit.*, p. 393.)

mieux qu'ils ne fussent pas nés (1). » Le dreyfusisme changea toutes les appréciations d'Anatole France sur Zola : il découvrit de hautes intentions morales dans les livres qui lui avaient paru si détestables; sur la tombe du romancier il avoua qu'il avait été injuste pour un homme qui a « honoré la patrie et le monde par une œuvre immense et par un grand acte ». Ainsi la lettre : « J'accuse » changeait les valeurs de tous les écrits de Zola, et ennoblissait, sans doute, jusqu'aux « *Géorgiques* de la crapule ». Il est vraiment difficile de se moquer du public avec plus d'effronterie que ne le faisait Anatole France, devenu dreyfusard.

L'exemple de Zola est fort instructif. A la fin de l'année 1897, ayant terminé la série des *Trois villes*, il était désœuvré ; il fut très intéressé par ce qu'il apprit des recherches de Picquart et de Scheurer-Kestner ; il avait généralement l'instinct juste pour reconnaître la couleur dramatique d'un sujet, encore qu'il fût, presque toujours, impuissant dans l'exécution ; il considéra d'abord les choses en romancier, sans trop savoir s'il les raconterait ou s'il se mêlerait à l'action ; « la pitié, la foi, la passion de la vérité et de la justice sont venues ensuite », à ce qu'il a écrit lui-même (2). Il ne paraît point qu'il eût compris en quoi l'Affaire pouvait dépasser la critique d'art; en effet, il lui est « arrivé de dire qu'il n'était pas autrement venu au secours de Dreyfus, *injustement condamné*, que du peintre Manet, *injustement méconnu* » (3).

La fameuse lettre : « J'accuse » n'avait pas à ses yeux une autre importance que beaucoup de manifestes bruyants qu'il avait adressés à ses contem-

(1) Tome III, p. 70.
(2) *Loc. cit.*, p. 67.
(3) *Loc. cit.*, p. 626.

porains à propos de littérature. « Chaque fois qu'il lançait une bombe, il s'étonnait que les blessés se permissent de crier et qu'on ne le laissât pas se rasseoir tranquillement à sa table pour en fabriquer de nouvelles. » Il ne concevait point qu'on pût le tourmenter par des procès qui bouleversaient sa vie méthodique (1).

Les hommes de lettres ne croient pas généralement à la valeur propre des idées; ils n'apprécient que le succès que peut leur procurer l'exploitation d'un parti pris. C'est pourquoi ils sont capables d'adopter des attitudes si imprévues et de troubler ainsi profondément l'ordre public.

(1) *Loc. cit.*, pp. 625-626.

III

Le ridicule dans les révolutions. — Surabondance de ridicule dans l'affaire Dreyfus. — Zola comme représentant de la bouffonnerie dreyfusarde.

Les révolutions ressemblent beaucoup aux drames romantiques : le ridicule et le sublime y sont mêlés d'une manière si inextricable qu'on est souvent embarrassé pour savoir quel jugement porter sur des hommes qui semblent être à la fois bouffons et héros. Lorsque l'émotion, propre aux temps troublés, commence à se calmer, le pays a honte d'avoir supporté tant de choses dont il n'avait pas soupçonné l'absurdité; il s'aperçoit avec effroi qu'il ne serait point possible de séparer ce qui mérite uniquement le rire, et ce qui doit continuer à provoquer l'admiration; le plus grand nombre en arrive à croire que le merveilleux révolutionnaire, qui avait enthousiasmé la nation, constitue un rêve de don Quichotte, auquel convient seulement la pitié. L'insanité des hommes de 1848 a beaucoup contribué à consolider le second Empire, parce qu'on avait peur qu'une opposition trop forte ne fît revenir les temps de l'ineptie.

« Hegel, dit Marx au début de son *XVIII brumaire*, remarque quelque part que tous les grands événements, toutes les grandes figures historiques se produisent, pour ainsi dire, deux fois. Il a oublié d'ajouter : la première fois, c'est une tragédie; la seconde fois, une farce. C'est Caussidière qui est là pour Danton, Louis Blanc pour Robespierre... La tradition de toutes les générations défuntes est un cauchemar qui pèse sur le cerveau des vivants... Aux époques de crise révolutionnaire [ceux-ci], inquiets, évoquent en leur faveur les esprits du passé, leur empruntent leur nom, leur cri de guerre, leur costume, pour jouer, sous ce déguisement d'une antiquité respectable et dans cette langue empruntée, une nouvelle scène historique. » Les hommes de la Révolution avaient demandé aux souvenirs gréco-romains des moyens propres à élever leur cœur au niveau qui était nécessaire pour soutenir des luttes gigantesques; mais, en 1848, il n'y avait eu qu'une comédie sans sérieux; on s'était donné l'air de reproduire quelque chose de la Révolution, pour avoir le droit de passer le temps en parades et d'éviter ainsi les difficultés que présentaient les problèmes actuels (1).

Ces observations ne sont pas tout à fait exactes. La Révolution est protégée par la gloire que la France a acquise dans les guerres de la Liberté, mais elle a été aussi ridicule que son imitation de 1848; lorsque la société nouvelle eut acquis sa constitution définitive, les déguisements gréco-romains des révolutionnaires furent regardés comme parfaitement grotesques et les grands hommes de la Liberté furent jugés sans la moindre indulgence.

D'autre part, il ne faudrait pas croire que les réminiscences de 1789 et de 1793 aient produit seulement de la farce en 1848. Les gens de ce temps ne connaissaient guère les *grands ancêtres* que par des romans historiques; ils voulaient réaliser tout ce que leurs modèles leur semblaient avoir voulu faire et ce qu'ils auraient fait, suivant la légende, s'ils avaient pu voir plus clair au milieu des intrigues qui entravèrent leur activité; instruits par l'expérience du passé, les imitateurs sauraient conduire leur vie de manière à ce qu'elle pût passer directement dans l'épopée nationale, sans avoir besoin d'être arrangée par des chroniqueurs. Cette conception engendrait chez eux un orgueil analogue à celui que le culte des temps classiques avait fait naître chez les *grands ancêtres*.

(1) MARX, *loc. cit.*, pp. 191-194.

De là résultait de l'excellent et de l'absurde ; les hommes de 1848 ont commis beaucoup de bévues, mais ils ont eu, généralement, une conduite très digne; aujourd'hui, nous apprécions surtout en eux ce qu'ils avaient de noble; au commencement du second Empire, on ne voyait guère que ce qu'ils avaient de risible.

Dans son livre, Joseph Reinach a souvent cherché à dissimuler ce qui tend à diminuer la grandeur de l'œuvre à laquelle il a collaboré; cependant il a conservé le souvenir de beaucoup de drôleries.

Voici d'abord un amusant dialogue qui eut lieu au moment où l'on négociait la grâce de Dreyfus. « Picquart me dit qu'il ne fallait jamais croire au succès de ce qui était *conçu en beauté*. Je lui répondis que nous vivions, en effet, à quelques-uns, depuis deux ans, dans un *monde wagnérien* et que nous y avions un peu perdu la notion des réalités (1). » Il serait difficile d'inventer une scène comique mieux réussie, si on voulait montrer la débilité intellectuelle de l'homme qui fut le grand héros de l'Affaire (2).

On fit alors une consommation prodigieuse de sensibilité. Le beau sexe se livra à une foule d'extravagances : Zola reçut après la publication de la lettre : « J'accuse », quantité de missives « de femmes et de jeunes filles qui pleuraient sur Dreyfus, ne pensaient plus qu'à ce roman merveilleux (3) ; quand Picquart fut en prison, « des femmes lui envoyaient des fleurs; de toutes les parties du monde, il reçut des lettres admiratives » (4). Au commencement de l'année 1898, Joseph Reinach crut utile de livrer à l'impression les

(1) Tome V, pp. 561-562.

(2) Francis de Pressensé a publié un volume sur lui intitulé : *Un héros*, au mois de novembre 1898.

(3) Tome III, p. 315.

(4) Tome IV, pp. 394-395.

lettres que Dreyfus avait écrites à sa femme; « Boisdeffre, Gonse, Lebon, Picquart (à l'époque où il croyait Dreyfus coupable) les avaient lues d'un œil sec »; notre auteur estime que les adversaires de la révision agirent prudemment en faisant le silence sur cette publication : « Il n'y avait pas que des brutes parmi les lecteurs. Mêmes enragées contre les juifs, les femmes n'eussent pu retenir leurs pleurs (1). » — Le succès ne fut cependant pas très grand dans le monde lettré : beaucoup « se turent, nous dit-on, par lâcheté : les grands et les petits maîtres de la critique littéraire. Ils s'agenouillaient devant toute souffrance humaine des héroïnes de roman. De cette sublime, mais vivante douleur, ils détournèrent les yeux » (2).

Cette absence d'enthousiasme des gens regardés comme compétents mérite de fixer toute votre attention. Ailleurs, Joseph Reinach parle « d'un maté-

(1) Lorsque les nationalistes voulurent utiliser, eux aussi, la sensibilité, en apitoyant les femmes sur les malheurs de Mme Henry, dont le mari avait été, bien à tort selon moi, accusé de trahison par Joseph Reinach, les dreyfusards se plaignirent de l'habileté déployée par leurs adversaires ; pour un peu, ils les auraient accusés de jouer avec des dés pipés (tome V, pp. 396-398).

(2) Tome III, pp. 251-252. — Par contre, ces lettres eurent un grand succès chez les paysans russes et les portefaix turcs (tome IV, p. 144). Les *hommes de la nature* sont fort appréciés par notre auteur ; tandis que Voguë, Vandal, d'Haussonville, au commencement de 1899, restaient silencieux, un batelier bessarabien « moitié anthropoïde, moitié buffle, dit au docteur Robin, dès qu'il sut que c'était un Français : Ah, vous êtes du pays où l'on ne veut pas qu'il y ait d'injustice » (tome V, p. 53). Cet *enfant de la nature* répétait ce qu'il avait entendu dire par le cabaretier juif du village ; quant au cabaretier, il ne pouvait que s'intéresser fort à la Justice, car il avait dû, comme tous les Juifs d'Orient, souscrire pour la cause de la Justice.

rialisme ambiant qui, lentement, avait pénétré, vicié, épaissi les âmes », c'est ce matérialisme qui expliquerait, suivant lui, l'indifférence avec laquelle on accueillait la littérature dreyfusarde : « Quelques vieux républicains s'émurent; les jeunes avaient désappris la pitié; et les catholiques ne pouvaient plus supporter l'Evangile (1). » Je crois qu'il conviendrait plutôt de dire que cette littérature blessait trop souvent le goût français; elle devait tomber très rapidement dans le plus parfait oubli.

Zola a été l'homme représentatif de la bouffonnerie de ces temps. Tout le monde est d'accord pour reconnaître que ce personnage encombrant était un très petit esprit; il aimait à s'entendre appeler : poète, psychologue et savant, sans posséder aucune des qualités qui auraient pu justifier en quoi que ce soit aucun de ces titres; — il se donnait comme le chef d'une école réaliste; mais, en fait, il ne soupçonna jamais ce qui constitue la réalité; il n'apercevait des choses que de grossiers contours; c'est pourquoi ses admirateurs disent qu'il a surtout réussi dans la description des foules (2) ; — sa prétendue violence était toute verbale (3) ; il excellait dans l'art d'appeler l'attention du public au moyen de grossiers boniments; on peut le comparer à un clown faisant la parade devant une baraque de foire.

La lettre : « J'accuse » est un véritable prospectus, et notre auteur n'est pas loin de le reconnaître : « L'Affaire n'avait jamais été mise dans son ensemble, devant le public, mais par bribes et par morceaux,

(1) Tome III, p. 536.

(2) Il suffit pour peindre les foules de saisir des silhouettes fantastiques.

(3) Chez les violents sincères semble exister toujours une tendresse pudique, qui manquait à Zola totalement.

ou défigurée par le mensonge, dit-il... Il était nécessaire de codifier ces fragments de vérité, de donner aux fidèles leur *Credo*. Cette grande page où éclatera tout le drame, Zola en était obsédé; ce sera sa part personnelle à l'œuvre commune (1). » Malgré son admiration pour cette pièce célèbre, Joseph Reinach est obligé de reconnaître qu'on y trouve le bric-à-brac romantique, employé sans goût et sans mesure; Zola accusait le Conseil de guerre d'avoir acquitté Esterhazy par ordre, mais cette accusation n'était qu'une « métaphore outrée » (2).

Le gouvernement poursuivit Zola pour cette *métaphore* devant la Cour d'assises; le romancier avait désiré ce procès (3) ; mais sa déception fut grande lorsqu'il s'aperçut que les tribunaux sont organisés pour juger des criminels et non point pour entendre des dissertations historiques ou littéraires; il croyait que les officiers seraient tenus de venir *lui expliquer leur conduite* et que la révision du procès de 1894 se ferait sous sa direction.

Au début de l'affaire, le président lui faisant observer qu'il devait se conformer aux prescriptions de l'article 52 de la loi sur la presse, Zola lui répondit, avec une magnifique stupidité : « Je ne connais pas la loi et je ne veux pas la connaître (4). »

A la cinquième audience, Zola éprouva le besoin de faire comprendre à un jury qu'il méprisait — comme formé de trop petites gens (5) — quelle distance existait entre lui et ses adversaires. « Il y a différentes façons, s'écria-t-il, de servir la France... Par mes œuvres, la langue française a été portée dans le monde

(1) *Loc. cit.*, p. 220 ; pp. 221-222.
(2) *Loc. cit.*, p. 224 ; pp. 226-227.
(3) *Loc. cit.*, p. 220 ; p. 626.
(4) *Loc. cit.*, p. 346.
(5) « Ce furent tous de petites gens, de ce qu'on appelait à Florence le *populo minuto.* » (*Loc. cit.*, p. 342. Cf. p. 423.)

entier. J'ai mes victoires. Je lègue à la postérité le nom du général de Pellieux et celui d'Emile Zola : elle choisira (1). » Il y a fort à craindre pour la mémoire de Zola que ces deux gloires ne soient équivalentes.

Avant la plaidoirie de Labori, Zola lut aux jurés un factum que Joseph Reinach compare à un de ces discours absurdes et sonores que prononcent les personnages de Victor Hugo : « Vous êtes le cœur et la raison de Paris, *de mon grand Paris*, où je suis né, que *je chante* depuis tantôt quarante ans... Dreyfus est innocent , je le jure !... Par mes quarante ans de travail, je jure que Dreyfus est innocent... Que mes œuvres périssent si Dreyfus n'est pas innocent ! Il est innocent ! (2) » C'est vraiment bien le cas de dire que la caution n'était pas bourgeoise.

Sur les conseils de Clemenceau et de Labori, Zola se réfugia, un peu plus tard, en Angleterre pour laisser passer l'orage et attendre un temps plus favorable durant lequel les débats pourraient être repris dans de meilleures conditions. Cette fuite lui fut beaucoup reprochée; pour la justifier, il employa les arguments les plus singuliers : « Zola m'a raconté longtemps après, dit Joseph Reinach, qu'il crut entendre Dreyfus sur son rocher qui lui demandait ce suprême sacrifice. Il s'y résigna parce qu'il lui semblait que là où il y avait pour lui *le plus à souffrir*, était le devoir (3). » Tout cela parce qu'il s'était fort ennuyé durant son exil (4); le bonhomme ne pouvait rien faire simplement.

Tant d'insanités ne pouvaient plaire aux gens qui avaient conservé le goût de la mesure; parmi les raisons qui purent déterminer Berthelot à ne pas être

(1) *Loc. cit.*, p. 370.
(2) Tome III, pp. 470-472.
(3) Tome IV, p. 58.
(4) Tome V, p. 40.

dreyfusard, on doit compter certainement l'aversion instinctive qu'éprouvait ce grand savant pour tout ce qui lui semblait contraire au sens de la vie commune (1); il est très vraisemblable que Renan aurait suivi la même voie que son vieil ami (2). La bouffonnerie dreyfusarde était supportée avec quelque peine par la majorité du pays, en sorte que le passage à des temps calmes devait être facile.

(1) C'est cette aversion qu'on trouve au fond de l'anticatholicisme de Berthelot, qui ne pouvait admettre le surnaturel.

(2) Joseph Reinach affirme le contraire, mais sans aucune preuve (tome III, p. 245). On pourrait même tirer de l'œuvre de Renan une assez forte homélie antidreyfusarde.

IV

Défiance qu'excite le ministère Waldeck-Rousseau. — Compromis qu'il lui faut accepter. — Corruption universelle et préparation des élections.

Lorsque Waldeck-Rousseau arriva au pouvoir, au mois de juin 1899, beaucoup de personnes crurent qu'on allait assister à une reproduction du Consulat. Le ministère avait été formé contrairement aux usages qui s'étaient imposés depuis de nombreuses années; son chef avait rencontré tant de résistances auprès des gens notables, qu'il avait dû organiser le Cabinet suivant un plan nouveau. Il n'avait point pour collaborateurs des hommes qui étaient montés par un long et progressif avancement dans les groupes; de tels personnages estiment qu'une place dans un gouvernement leur revient de droit; il avait appelé des parlementaires qui ne songeaient pas que leur heure d'être ministre fût encore venue, ou qui même n'avaient jamais porté leurs ambitions aussi haut. Baudin, Caillaux, Lanessan, Millerand, Monis, étaient d'humeur à goûter fort la faveur que leur faisait Waldeck-Rousseau et ils ne demandaient qu'à prouver leur zèle à leur chef. Celui-ci était si grand à côté d'eux qu'il semblait à tout le monde qu'il devait traiter les autres ministres comme Bonaparte avait traité ses deux collègues du Consulat.

La situation du gouvernement était, au contraire, fort précaire, parce que l'opinion le regardait comme étant dévoué aux intérêts des dreyfusards et qu'à ce titre il était suspect à la Chambre. Aux élections sénatoriales qui eurent lieu au début de l'année 1900, « trois des sénateurs sortants qui avaient pris parti ouvertement pour Dreyfus, Ranc à Paris, Thévenet dans le Rhône, Siegfried dans la Seine-Inférieure, échouèrent... Ce fut le fait caractéristique du scrutin, et la leçon ne fut point perdue pour les députés » (1). Le 22 mai, Waldeck-Rousseau se vit obligé de blâmer le discours dans lequel Joseph Reinach avait déclaré à ses anciens électeurs de Digne qu'il ne désarmerait point tant que Dreyfus ne serait pas réhabilité; il n'osa pas combattre l'ordre du jour présenté par Chapuis, invitant « le gouvernement à s'opposer énergiquement à la reprise de l'affaire Dreyfus, de quelque côté qu'elle vienne » (2). Le 28, il faillit tomber lorsque l'opposition révéla les relations du commissaire Tomps avec des espions qui l'avaient berné, et prétendit que la police travaillait à rouvrir l'Affaire (3).

Le procès de la Haute-Cour montra que l'emploi des grands moyens ne donnerait probablement pas de bons résultats; ce procès, après des débats bruyants qui ne relevèrent point le prestige du Sénat, aboutit à un résultat piteux; mais le parlementarisme moderne offre des ressources considérables à qui sait l'utiliser; les anciennes brutalités des coups d'Etat ne sont plus nécessaires pour changer rapidement une orientation.

La bonne politique consistait à préparer, dans l'ombre, les élections de 1902 et à les faire sur un programme de lutte contre les congrégations qui avaient beaucoup effrayé les républicains durant l'Affaire. Jusqu'au moment où la force serait passée, sans contestation possible, aux dreyfusards, il fallait supprimer l'affaire Dreyfus; c'est pourquoi Waldeck-Rousseau, ne voulant pas entendre parler de procès susceptibles de rouvrir une procédure de révision, fit voter l'amnistie (4).

(1) Tome VI, p. 58.

(2) *Loc. cit.*, pp. 86-87 ; pp. 113-114. L'ordre du jour Chapuis réunit 425 voix contre 60.

(3) *Loc. cit.*, pp. 118-120.

(4) Dans le premier projet les procès civils connexes à

Pour pouvoir se maintenir jusqu'à cette époque des élections, Waldeck-Rousseau fut obligé d'accepter de nombreux compromis qui durent paraître bien cruels à l'ancien collaborateur de Jules Ferry. C'est ainsi qu'il lui en coûta beaucoup de laisser traduire en Conseil de guerre les gendarmes qui étaient entrés en collision aves des grévistes à Chalon; il lui fallut donner cette satisfaction aux députés socialistes, parce que ceux-ci avaient grand peur d'être accusés de trahison par leurs comités électoraux et que les voix de ces députés étaient nécessaires pour former une majorité gouvernementale dans certains jours difficiles. — Après la démission de Galliffet, Waldeck-Rousseau voulait se retirer et il ne demeura sans doute que dans l'espoir de tirer une vengeance éclatante de ses ennemis à l'heure des élections; il était certainement fixé sur la nullité militaire d'André, qui n'était devenu général que par la protection de Brisson; il accepta cependant ce grotesque comme ministre de la Guerre, parce qu'il lui était imposé par Brisson et Léon Bourgeois (1); ce dernier venait de sauver le gouvernement à la séance du 28 mai. — Autrefois, les démissions du chef d'état-major et du généralissime auraient épouvanté Waldeck-Rousseau, qui avait, comme tous les gambettistes, une grande préoccupation des choses de l'armée; il devait maintenant laisser opérer les radicaux et le « céphalopode empanaché » (2), dont ils avaient fait leur ministre favori.

l'affaire Dreyfus étaient supprimés; cette énormité qui rappelait par trop « le droit royal d'abolition », fut écartée (*loc. cit.*, p. 51 ; p. 81) ; mais le gouvernement s'arrangea pour que le tribunal civil refusât d'ordonner l'enquête que demandait Joseph Reinach dans le procès que lui intenta Mme Henry.

(1) Tome VI, p. 121.

(2) L'expression est de Clemenceau.

Il fallait beaucoup de corruption pour conserver cette majorité provisoire, en attendant les élections. Waldeck-Rousseau avait pris pour secrétaire général de son ministère un homme qui ne pouvait être arrêté par aucun scrupule : Demagny avait été formé, en effet, à bonne école, sous Constans et sous Freycinet; après sa mort, on trouva, dans un coffre-fort qu'il avait au Crédit Lyonnais, plus « d'un million dont l'origine ne put être établie ». Joseph Reinach se demande naïvement si Demagny n'aurait pas été corrompu par le duc d'Orléans, ou s'il aurait « trafiqué de son influence » (1). Un pareil lieutenant dispensait le ministre de se compromettre dans les bas-fonds de la corruption parlementaire. Waldeck-Rousseau se réservait les opérations qui pouvaient être conduites avec une certaine distinction.

Il y eut une prodigieuse curée, dans laquelle les socialistes parlementaires ne furent pas les moins cyniques. « Tout le temps que va durer leur association avec les républicains, il n'y aura pas de politiques plus politiques, d'opportunistes plus opportunistes..., enchantés de faire figure de législateurs réguliers, de jour en jour plus avides des faveurs du pouvoir, de places et de décorations pour leur clientèle (2). »

(1) Tome V, p. 312. « Peu d'affaires sont restées plus mystérieuses », ajoute notre auteur ; mais qui s'est occupé de dissiper le mystère ?

(2) Tome VI, pp. 26-27. — Joseph Reinach croit que les ouvriers sont allés au syndicalisme révolutionnaire par la faute des socialistes parlementaires. Ceux-ci « ont pensé contenter le peuple en lui jetant tous les matins, *comme les Césars d'autrefois* le pain et les jeux du cirque, des moines et des prêtres ; loin de le satisfaire, ils l'ont déçu à la fois dans son besoin de bien-être et dans sa soif d'idéal » (p. 429). A qui sait lire, cette phrase paraîtra singulièrement cruelle pour les amis de l'*idéaliste* Jaurès, qui fut le plus ardent de tous les excitateurs de l'anticléricalisme.

Nul n'a peut-être dénoncé la curée avec plus de violence que ne le fit Picquart, en 1906, dans un article de la *Gazette de Lausanne,* que Joseph Reinach lui pardonne difficilement (1). « Les soldats, disait-il, ne se battent plus quand ils commencent à ramasser du butin et le butin fut considérable, tant à l'époque de Waldeck-Rousseau que sous ses successeurs. La meilleure part est revenue d'ailleurs aux israélites qui se sont ainsi largement indemnisés de l'ostracisme dont ils avaient été frappés lors de la période aigüe de l'Affaire. »

Mais il me semble que Labori avait mieux exposé encore les caractères profonds de cette curée dans les quelques phrases qu'il prononça en plaidant pour Thérèse Humbert devant la Cour d'assises. Il montra comment une sorte de réconciliation générale s'était opérée autour de ce qu'on nomme vulgairement l'assiette au beurre. « Tout cet effort a abouti à l'équivoque, à la confusion des partis, tellement qu'aujourd'hui, j'ai bien vu décorer, comme dreyfusards, des gens qui, pendant cinq ans, m'avaient tourné le dos. Nous avons vu l'abaissement des mœurs devenir plus grave chaque jour; et enfin d'événements desquels, à quelque parti que nous appartinssions, nous avions le droit de penser qu'il sortirait quelque chose de clair, nous avons vu sortir seulement *la plus complète anarchie morale* que ce pays peut-être ait connue depuis plus d'un demi-siècle (2) »

Une pareille anarchie morale a été dénoncée après toutes les révolutions; elle fait le désespoir de tous les hommes qui ont conservé quelque chose de l'enthousiasme des premiers jours; mais elle est probablement une nécessité historique pour le passage aux temps calmes qui suivent les temps troublés.

(1) Tome VI, p. 436.
(2) *Débats,* 21 août 1903.

V

Difficultés que créait le procès Dreyfus. — Négociations pour la grâce. — Reprise de l'affaire en 1903. — Avilissement de la magistrature. — Arrêt du 12 juillet 1906.

Le procès Dreyfus créait de grands embarras à Waldeck-Rousseau : le choix de la ville de Rennes, suggéré à la Cour de cassation par le ministère Dupuy, était très malheureux pour la défense, non seulement parce que le pays était clérical (1), mais encore parce qu'il renfermait beaucoup d'anciens boulangistes : les plus acharnés ennemis de Boulanger étaient maintenant d'acharnés dreyfusards ; la condamnation de Dreyfus devait être une revanche aux yeux de bien des gens qui avaient été persécutés par la première Défense républicaine.

Un grand nombre de chefs dreyfusards croyaient que la comparution devant un nouveau Conseil de guerre serait une simple formalité : Waldeck-Rousseau pensait, au contraire, que l'acquittement était fort douteux (2) ; il s'agissait de s'arranger de telle sorte que la condamnation de Dreyfus n'atteignît pas le ministère. Millerand avait conseillé de donner l'ordre au commissaire du gouvernement d'abandonner l'accusation ; mais cette mesure d'un si audacieux cynisme n'aurait pas empêché les juges de déclarer Dreyfus coupable (3) ; et une condamnation venant dans de telles conditions aurait amené le ren-

(1) Tome V, p. 201.
(2) *Loc. cit.*, p. 137 ; p. 228.
(3) *Loc. cit.*, pp. 230-231.

versement du Cabinet. On aurait pu désigner un commissaire du gouvernement, dont on fût sûr, en remplacement du commandant Carrière, qui avait déjà manifesté l'intention de ne pas tenir grand compte des indications de l'arrêt de la Cour de cassation ; mais on n'osa point le faire, de peur de paraître vouloir intervenir dans l'administration de la justice (1). Galliffet ne jugea même pas prudent de donner à Carrière un avocat-conseil, comme celui-ci lui en avait adressé la demande; en fait, le ministère public fut dirigé par un député nationaliste, Auffray (2), et le gouvernement ne voulut pas marquer qu'il s'aperçût de cette singulière situation.

Le désir de Waldeck-Rousseau était que les débats fussent limités autant que possible aux faits qui se rattachaient directement à la question posée par l'arrêt de cassation. Demange était probablement son interprète quand il disait à Labori « qu'il ne s'agissait pas de recommencer le procès Zola (3) ». Picquart et Labori se sont plaints très vivement que Waldeck-Rousseau ait énervé la défense et empêché de faire toute la lumière (4) ; c'est que, d'accord avec beaucoup de dreyfusards, ils voyaient dans le procès de Rennes un moyen de commencer des procès contre l'ancien haut commandement. — Waldeck-Rousseau ne fit aucune tentative pour amener Este-

(1) *Loc. cit.*, p. 180 ; p. 186.

(2) *Loc. cit.*, pp. 235-236 ; tome VI, p. 317.

(3) Tome V, p. 212.

(4) Tome VI, p. 155 et p. 303. — On a prétendu que la tentative d'assassinat commise sur Labori fut l'œuvre du gouvernement ; il serait certainement téméraire de faire remonter jusqu'à Waldeck-Rousseau la responsabilité du crime, mais il est difficile de ne pas croire que la Sûreté générale y a été pour quelque chose ; elle aura cru entrer dans les intentions du gouvernement en aidant à le débarrasser d'un homme très gênant (tome V, p. 345 ; pp. 362-363).

rhazy à déposer, bien que la présence de ce personnage eût été fort nécessaire, suivant Joseph Reinach (1); mais il craignait évidemment que la déposition d'Esterhazy ne provoquât de nouveaux scandales qu'on eût reprochés au gouvernement. — Notre auteur estime encore qu'on commit une grande faute en ne livrant pas le dossier secret aux débats publics (2) ; mais on eut peur d'avouer que les officiers avaient dépensé tant de peines et d'argent pour obtenir des notes de police très misérables; ces notes étaient souvent relatives à des affaires de mœurs dont ils n'auraient jamais dû s'occuper (3).

La condamnation de Dreyfus était la moins mauvaise solution que pouvait avoir le procès pour le gouvernement ; l'acquittement n'eût point tout terminé, comme le soutient Joseph Reinach (4). Il eût été bien difficile, dans ce cas, de ne pas poursuivre le général Mercier : la Chambre avait, le 5 juin 1899, ajourné son vote sous prétexte qu'il ne fallait pas jeter la suspicion sur le témoignage que l'ancien ministre devait apporter à Rennes (5) ; mais, au fond, elle désirait que l'affaire n'eût pas de suites. Le procès de Mercier, devant la Haute-Cour, aurait donné lieu à des incidents qui auraient pu provoquer la chute d'un Cabinet jugé trop asservi aux dreyfusards (6). Je crois donc que Waldeck-Rousseau ne portait pas, à l'acquittement de Dreyfus, autant d'intérêt que le suppose Joseph Reinach.

(1) *Loc. cit.*, pp. 446-447.

(2) *Loc. cit.*, pp. 296-297.

(3) C'est probablement la même raison qui a empêché encore le gouvernement de livrer ce dossier à la publicité durant la dernière revision (tome VI, p. 297).

(4) *Loc. cit.*, p. 535.

(5) *Loc. cit.*, p. 133.

(6) Cf. tome VI, pp. 20-21, les observations de Waldeck-Rousseau au sujet de ce procès.

Waldeck-Rousseau estima qu'il fallait clore l'agitation dreyfusarde en graciant Dreyfus ; mais encore fallait-il trouver une solution qui ménageât l'amour-propre des révisionnistes et qui n'eût pas l'air de trop humilier le Conseil de guerre qui venait de prononcer la condamnation (1) ; on décida que Dreyfus ne solliciterait pas la grâce, mais qu'il ferait cependant un acte de soumission en retirant son pourvoi devant le Conseil de révision (2). Waldeck-Rousseau connaissait trop bien l'organisation de la presse pour ignorer que celle-ci cesserait de réclamer la Justice intégrale dès qu'elle ne recevrait plus d'abondantes subventions (3) ; mais il y avait aussi quelques gros personnages, Clémenceau, Jaurès, qu'on ne pouvait traiter comme des laquais de plume ; il fallait les amener à accepter le compromis.

Clémenceau se montra très rebelle à la combinaison du gouvernement : « Après avoir soulevé tout un peuple pour la Justice, il est impossible de l'inviter à retourner chez lui avec la grâce d'un individu...

(1) Joseph Reinach eût voulu que la grâce fût prononcée de manière à affecter la forme d'un « acte sans précédent d'un ministre de la guerre déchirant un jugement militaire à peine rendu » (tome V, p. 545).

(2) Ce pourvoi ne pouvait servir à rien parce que le Conseil de revision n'aurait probablement pas admis l'existence des vices de forme qu'on croyait trouver dans la procédure de Rennes (*loc. cit.*, p. 539).

(3) Joseph Reinach constate que tout le tapage des journaux cessa après que la grâce fut accordée (*loc. cit.*, p. 565). Il est très discret sur les questions d'argent, qui furent cependant d'une si grande importance dans l'affaire Dreyfus ; suivant lui les révisionnistes auraient dépensé moins que leurs adversaires (tome IV, p. 49) ; ils furent, sans doute, souvent obligés de se montrer plus généreux qu'ils n'auraient désiré l'être ; c'est ce que paraît indiquer cette phrase : « Des journalistes avaient demandé et reçu de l'argent » (tome VI, p. 164).

C'est la fin de l'Affaire, et quelle fin ! » Notre auteur prétend qu'au fond Clémenceau considérait la chose en artiste, qu'il voulait condamner Dreyfus à subir la détention prononcée par le Conseil de guerre, pour avoir de beaux sujets d'articles (1).

Jaurès suivit Clémenceau jusqu'au moment où Gérault-Richard le décida à accepter le système préconisé par Joseph Reinach, en sorte qu'un joyeux chansonnier de Montmartre fut l'arbitre de la politique française dans un jour de crise très grave.

Tout ce qui est relatif à cette grâce est demeuré fort obscur ; on doit être frappé du fait que Millerand fut chargé de négocier au nom du gouvernement, bien que cela ne le regardât nullement et que la conduite louche qu'il avait eue durant l'Affaire ne pût inspirer aucune confiance aux dreyfusards. Il est très probable qu'il y eut des marchandages auxquels Waldeck-Rousseau ne se souciait pas d'être mêlé ; Millerand convenait admirablement pour ces négociations qu'il faut conduire dans l'ombre. On peut supposer, sans beaucoup s'aventurer dans des jugements téméraires, que Gérault-Richard et Jaurès cédèrent aux raisons du gouvernement, parce qu'ils reçurent des promesses relatives à l'avenir de leur journal, qui avait passé des heures si difficiles autrefois. Quant à Clémenceau, il approuva, avec sa féroce ironie, des gens qui s'étaient mis d'accord contre lui.

Jaurès voulut se donner l'illusion qu'il ne désertait pas le combat ; il dit à Joseph Reinach : « Il est bien entendu que Dreyfus et Mathieu, après la grâce, continuent la lutte » ; et son partenaire lui répondit sans rire : « En doutez-vous ? (2) ». Mais à la réflexion, et sous l'influence de Millerand, Jaurès vit bientôt l'affaire Dreyfus sous un aspect moins héroïque; il ne voulait « point paraître hypnotisé par Drey-

(1) Tome V, p. 546 ; p. 553 ; p. 556.
(2) Tome V, p. 558.

fus » (1), et il approuva l'amnistie, — alors que Zola et Joseph Reinach protestaient contre ce moyen qu'employait Waldeck-Rousseau pour les empêcher de trouver dans les débats de leurs procès quelque fait nouveau propre à provoquer la révision.

Au mois d'avril 1903, après le rejet des demandes d'autorisation présentées par les congrégations, Jaurès eut l'idée très singulière de discuter devant la Chambre la question de savoir si la condamnation de Rennes ne résultait point de la production mystérieuse d'une fausse lettre de l'empereur d'Allemagne. C'était une tentative fort malencontreuse qui faillit rendre impossible la révision (2). Chapuis fit voter un ordre du jour analogue à celui qu'il avait déjà rédigé en 1900 ; la Chambre se déclarait « résolue à ne pas laisser sortir l'affaire Dreyfus du domaine judiciaire » ; à la fin de la séance, Le Hérissé s'écria qu'il y avait seulement 75 députés pour la réouverture de l'Affaire. Cependant, Combes décida que le général André examinerait les dossiers et chercherait s'ils renfermaient quelque chose favorable à la cause de Dreyfus (3) ; il aurait été plus sage de prendre cette résolution tout de suite et de ne pas provoquer un débat qui montra à quel point les parlementaires avaient horreur de ce que les révisionnistes appelaient la Justice; heureusement pour ceux-ci qu'en

(1) Tome VI, p. 27. — Cela concorde fort bien avec l'hypothèse que j'ai faite ci-dessus au sujet des négociations de Millerand.

(2) Waldeck-Rousseau n'était pas favorable à cette manière de reprendre l'Affaire (*loc. cit.*, p. 217). Il me semble que Jaurès a été surtout décidé par le désir de prononcer un « beau discours qui retentira dans le monde et dans l'histoire » (p. 215). Les autres raisons indiquées par notre auteur ne méritent pas l'examen.

(3) *Loc. cit.*, p. 248.

1903 le pouvoir était beaucoup plus fort que les années précédentes, et qu'il pouvait se permettre beaucoup de fantaisies.

Joseph Reinach ne nous apprend point comment Combes fut amené à faire faire des recherches qui devaient conduire à une deuxième révision ; il est très probable qu'il agit sous l'influence d'Anatole France, qui fut, à cette époque, le grand directeur de la politique française.

Le 19 octobre 1903, André adressa un rapport à Combes, et le 25 décembre le ministre de la justice prescrivit au procureur général près de la Cour de cassation de commencer la procédure de révision ; la Chambre criminelle ordonna une enquête par arrêt du 5 mars 1904 ; l'enquête fut close le 19 novembre ; l'arrêt définitif ne fut rendu que le 12 juillet 1906. Les causes du retard apporté à la solution de l'Affaire sont très claires : les dreyfusards voulaient que Dreyfus fût réhabilité sans être obligé de se présenter devant un troisième Conseil de guerre et ils craignaient que la Cour se montrât trop indépendante. La mort de Cavaignac (25 septembre 1905), vint les débarrasser du seul homme qui leur fît encore peur (1). Les élections de 1906 furent si triomphales que le gouvernement put exercer facilement une pression sur les magistrats.

Un des faits qui m'ont le plus frappé au cours de mes études sur cette époque, a été le mépris des dreyfusards pour la magistrature ; ce mépris est assez singulier chez des gens qui se sont souvent posés en défenseurs de la loi : « Ce qui a toujours manqué à la France, l'une des patries du droit idéal, écrit Joseph Reinach, c'est le sens de la loi. Notre forteresse, c'est notre loi, disent les Anglais (2) ». Mais

(1) Tome VI, p. 437.

(2) Tome III, p. 243. — L'appel à « la justice civile » et la

que peut être la loi sans magistrats respectables, dans lesquels on puisse avoir confiance ? La République ne possédait point, paraît-il, une telle magistrature. Ainsi, à propos de conseillers à la Cour de Paris, notre auteur parle de « domestiques judiciaires (1) ». Le juge Fabre, « honnête homme... fort libre-penseur et radical d'opinions » se montra si niais dans l'instruction qu'il dirigea contre Picquart, qu'il « se fourvoya en toute loyauté autant qu'eût pu le faire un magistrat sans conscience (2) ». Pour empêcher Joseph Reinach de rouvrir l'Affaire, en scrutant la conduite du colonel Henry, le tribunal de la Seine rendit un jugement qui parut, à notre auteur « aussi contraire au bon sens qu'à l'équité » (3). On pourrait multiplier les exemples pour montrer qu'aux yeux des dreyfusards la servilité, la sottise et la mauvaise foi sont les qualités maîtresses des magistrats que nous a donnés la République.

Il était évident que le jour où les dreyfusards seraient très puissants, ils exigeraient beaucoup des tribunaux. Quoi qu'en dise Joseph Reinach, le texte du sixième paragraphe de l'article 445 du Code d'instruction criminelle est parfaitement clair (4) ; la Cour

supériorité de celle-ci sur « la justice militaire » dont il est souvent question dans l'affaire Dreyfus (p. 220, p. 383) paraissent mal motivés chez des gens qui méprisent les magistrats ; mais la logique n'est pas le fort des hommes politiques durant les temps troublés.

(1) Tome IV, p. 94. — Ailleurs : « Monis défendit la décision de son juge » (tome VI, p. 140). Evidemment, il y a là encore une idée de domesticité.

(2) Tome IV, p. 98 ; p. 102 ; pp. 110-111.

(3) Tome VI, p. 196.

(4) *Loc. cit.*, p. 469. L'arrêt du 22 janvier 1898 relatif à Taïeb-ben-Amar est bien maladroitement invoqué par les défenseurs de l'arrêt du 12 juillet 1906 ; en effet dans cette affaire la Cour de cassation a pris toutes les consta-

de cassation ne pouvait annuler la sentence du Conseil de guerre sans prononcer le renvoi devant un autre Conseil, sauf dans le cas où son enquête aurait établi qu'il n'y avait pas eu de délit dans le fait imputé à Dreyfus par ses adversaires, à Esterhazy par les dreyfusards (1). Le procureur-général semblait incliner à admettre que tout le procès reposait sur un faux corps de délit; puisque, selon lui, le bordereau aurait été écrit par Esterhazy sur l'ordre de Sandherr « afin de fournir, par la similitude d'écriture, une preuve matérielle contre le juif » (2). La Cour n'osa pas cependant adopter ce système et dire qu'il n'y avait pas eu de crime commis en 1894; soit qu'elle ne trouvât pas ses enquêtes suffisamment probantes au sujet des origines du bordereau, soit qu'elle ne voulût pas déplaire à Joseph Reinach; celui-ci tient, en effet, à ce que Esterhazy soit le plus effroyable traître qu'ait jamais inventé l'imagination des auteurs de mélodrames; dire que le bordereau n'est pas un corps de délit sérieux, ce serait réduire un peu les crimes d'Esterhazy !

La Cour de cassation a pris le sage parti de ne pas essayer de justifier l'application extravagante qu'elle a faite de l'article 445 ; elle a suivi ainsi le conseil que donna, dit-on, un jour un haut magistrat anglais à un fonctionnaire des Indes qui était appelé à juger sans savoir le droit : « Ne motivez jamais, lui disait-il, vos décisions. » Les gens qui prétendent aujourd'hui prouver que la Cour a bien statué, en savent évidemment plus long que le rédacteur de l'arrêt.

tations de fait dans une sentence du Conseil de guerre d'Alger, alors que dans l'affaire Dreyfus, elle a apprécié les faits d'après son enquête.

(1) Cela est surtout évident quand on se rappelle que ce paragraphe est une généralisation de l'ancien article 447 dont le sens est incontesté.

(2) *Loc. cit.*, p. 438.

Cet arrêt présente une singularité vraiment paradoxale; il prononce non seulement sur la question unique qui avait été soumise au Conseil de guerre de Rennes, mais encore sur « diverses accusations accessoires dont le Conseil de guerre n'était pas régulièrement saisi » (1). La Cour n'était pas plus régulièrement saisie que le Conseil de guerre; mais elle était en veine de générosité dreyfusarde, et elle ne regarda pas à une mesure d'exception de plus pour faire plaisir aux gens puissants. Elle voulut donner à Dreyfus un brevet de parfaite honorabilité, pour lui rendre plus facile sa rentrée dans l'armée. Pendant qu'elle y était, la Cour de cassation aurait pu proclamer que Dreyfus — jadis accusé, d'une manière assez plausible, de ne pas avoir beaucoup de préjugés — était un modèle de vertu conjugale ! Il est vraiment regrettable qu'un magistrat ironiste n'ait pas fait compléter l'arrêt par quelque disposition burlesque dans ce sens.

On ne crut pas nécessaire de sauver les apparences d'une bonne justice. En voulant faire du zèle, le procureur-général se montra digne de figurer à côté des magistrats serviles des plus mauvaises époques; son réquisitoire, bruyamment haineux, scandalise Joseph Reinach (2). Des raisons élémentaires de convenances auraient dû engager le président de la Chambre civile, Sarrut, à ne pas siéger ; car il avait jadis « guidé Scheurer de ses conseils » (3) ; mais les convenances n'importaient guère dans la farce qui se jouait.

Il y eut très peu de protestations contre l'arrêt du

(1) C'est ce qu'on dit textuellement dans l'arrêt (*loc. cit.*, p. 550.)

(2) *Loc. cit.*, pp. 444-448. — Les reproches injustifiés qu'il adressa au colonel Guérin empêchèrent pendant quelque temps cet officier de passer général, « malgré les plus beaux états de service » (p. 447).

(3) *Loc. cit.*, p. 438.

12 juillet 1906 ; et presque toutes les protestations qui se produisirent, n'eurent pas de lendemain (1). Le grand public ne prêta pas beaucoup d'attention aux affiches de l'*Action française*. Il fut ainsi établi que le gouvernement actuel peut se permettre avec la justice autant de libertés que s'en permettait Napoléon lui-même ; tout ce qui s'est passé depuis 1906 a montré que les magistrats ne demandent qu'à obéir aux instructions du gouvernement ; Aristide Briand pourrait, à bon droit, parler de *ses juges* et de ses *domestiques judiciaires* (2).

(1) Robert Louzon publia dans le *Mouvement socialiste* (juillet 1906) un article de protestation qui n'a pas eu d'écho dans la presse socialiste ; on doit même remarquer que la couverture du numéro ne porte pas le titre complet de l'article : « La faillite du dreyfusisme *ou le triomphe du parti juif* » ; les mots soulignés n'y figurent pas.

(2) Les journaux radicaux, aux premiers jours de novembre 1908, nous apprirent qu'Aristide Briand avait eu seul le *mérite* des ordonnances de non-lieu rendues en faveur des syndicalistes poursuivis à la suite des événements de Villeneuve-Saint-Georges. Le juge d'instruction n'avait été qu'un commis.

VI

Rôle des catholiques dans l'affaire Dreyfus. — Raison de leur hostilité à la révision. — Crainte inspirée par les congrégations. — Application de la loi de 1901. — Combes et sa cour.

Tandis que l'affaire Dreyfus jetait la division dans tous les groupements sociaux, le monde catholique marcha, avec un ensemble presque absolu, contre la révision ; ceux des catholiques qui manifestèrent des sympathies dreyfusardes, furent très vite regardés comme suspects (1) ; les hommes qui s'occupaient d'œuvres charitables, n'auraient pu exprimer publiquement une opinion favorable à l'innocence du condamné sans voir périr leurs entreprises (2). On peut donc dire que l'Eglise donna comme une armée bien disciplinée : les conséquences de son attitude furent très graves : « Des milliers de religieux [n'ont] été frappés dans leurs croyances ou dans leurs biens qu'en raison de l'Affaire, qui avait dessillé les yeux des républicains », dit Joseph Reinach (3).

(1) Le comité formé par Paul Viollet groupa quelques centaines d'adhérents (tome V, p. 52). Plusieurs des catholiques dreyfusards ont pu être accusés d'avoir des tendances modernistes ; mais on ne saurait adresser un tel reproche à l'abbé Frémont, qui avait été un des prédicateurs les plus illustres de Paris ; malgré les services qu'il avait rendus (il avait converti le ministre de Danemark) et son orthodoxie, il a été tenu depuis fort à l'écart.

(2) Le bonapartiste Giraudeau publia une brochure en 1898 en faveur de Dreyfus, mais il la signa d'un pseudonyme : Justin Vanex (tome III, pp. 537-538).

(3) Tome VI, p. 454.

Il n'est pas facile de savoir les raisons qui entraînèrent l'Eglise dans une voie qui devait lui être si funeste ; Joseph Reinach est porté à croire que les jésuites ont tout conduit (1) ; mais il est fort mal renseigné sur les jésuites ; c'est ainsi qu'il répète, après tant d'autres, que les jésuites ont fondé la *Libre Parole,* par l'intermédiaire d'Odelin (2) ; il reconnaît, d'ailleurs, plusieurs fois, lui-même, que le P. du Lac, dont il fut si souvent question dans les journaux, était seulement un brouillon vaniteux (3). Voici quel aurait été le plan des jésuites : écraser d'abord les juifs, dénoncés comme solidaires du traître ; puis « submerger sous le même flot les alliés des juifs, protestants et francs-maçons, tous les fils de l'*Encyclopédie.* Et ce sera la victoire du *Syllabus* »(4) ; ce sont de bien étranges projets. J'ai encore peine à croire que le clergé ait été antidreyfusard, parce que le catholicisme « a dit anathème à l'esprit d'examen » (5) ; la politique ne se fait point par de tels arguments scolastiques.

Les assomptionnistes furent les grands sergents de la bataille engagée par le monde catholique ; mais ces hommes d'action n'étaient pas les chefs du mouvement ; ils représentaient en France la *politique républicaine* de Léon XIII ; le cardinal Rampolla consentait quelquefois à désavouer leurs excès de langage dans les conversations avec notre ambassadeur, mais la faveur pontificale leur était toujours assurée (6). Cette faveur n'était que la juste récompense des efforts qu'ils faisaient pour populariser les idées du pape.

(1) Tome III, p. 22 ; p. 573 ; tome V, p. 37.

(2) *Loc. cit.*, p. 23. — Drumont prétend, au contraire, que les jésuites « n'ont pas bien compris l'importance sociale » de l'antisémitisme (*Libre Parole,* 11 juin 1908).

(3) Tome III, p. 570; tome IV, p. 420; tome V, pp. 145-149.

(4) Tome III, p. 22.

(5) *Loc. cit.*, p. 263. Cf. p. 305.

(6) *Loc. cit.*, pp. 574-575 ; tome IV, pp. 419-420.

Il y a de bonnes raisons de penser que les catholiques suivirent des indications venant du Vatican et que le vrai chef de l'antidreyfusisme fut Léon XIII lui-même. On ne pourra être bien fixé que le jour où l'on connaîtra l'histoire détaillée des négociations entamées par Joseph Reinach et par ses amis, en vue de gagner les catholiques à la cause de Dreyfus. Les hommes les plus considérables du monde catholique furent instamment sollicités et ils furent avertis du danger que leur hostilité pourrait faire courir à l'Eglise : les révisionnistes seraient, dans ce cas, obligés de s'adresser à des groupes sociaux, dont l'intervention pourrait conduire loin de la politique de « l'esprit nouveau » (1). Quand on demande aujourd'hui à ces catholiques pour quelles raisons ils ont rejeté l'alliance qui leur était proposée, on ne recueille que des réponses vaines ; évidemment, ils ne peuvent pas donner la seule raison qui ait alors compté pour eux : le mot d'ordre venu du Vatican.

A cette époque, la politique du *ralliement* était florissante et on pouvait supposer que les élections de 1898 renforceraient beaucoup la force parlementaire des partisans de ce système. Aujourd'hui, notre auteur écrit : « Grand, incomparable bienfait de l'affaire Dreyfus que d'avoir hâté l'explosion [du complot tramé contre les idées de la Révolution]. Combien plus périlleux eût été le lent engourdissement, l'acheminement insensible vers le reniement final (2) ! » Mais en 1897, il était dans d'autres idées; il ne traitait pas de « perfides » (3) les cléricaux qui suivaient les indications de Léon XIII; il avait été, « avec

(1) C'est cet avertissement fort sage qui a donné naissance au bruit d'une menace de « chambardement général » que l'on attribua à Joseph Reinach ; celui-ci déclare n'avoir jamais tenu pareil langage (tome III, p. 243).

(2) *Loc. cit.*, p. 547.

(3) *Loc. cit.*, p. 569.

Spuller et Casimir Périer, le défenseur d'une République ouverte aux bonnes volontés et tolérante » (1); autrement dit, il était alors pour le *ralliement*. Le marché qu'il proposait aux catholiques était fort avantageux pour eux ; car il aurait eu pour résultat de rattacher à la politique de « l'esprit nouveau » l'aile gauche du parti gambettiste elle-même. On ne pourrait comprendre l'aberration des catholiques si on supposait qu'ils ont été seulement dirigés par des intérêts parlementaires.

Léon XIII avait l'espoir de redevenir souverain d'un petit royaume romain et il comptait sur la France pour réaliser cette chimère ; aussi sa désillusion fut-elle énorme, en 1903, quand il apprit que le président Loubet devait aller à Rome ; les protestations que présenta le cardinal Rampolla furent singulièrement aigres (2) ; par contre, les Italiens qui connaissaient les idées du pape, virent dans ce voyage la condamnation de toute tentative dirigée contre leur unité. Le Vatican croyait évidemment que l'affaire Dreyfus allait lui permettre de faire faire un pas considérable à la question qui le préoccupait si fort, en lui donnant le moyen d'identifier sa cause à celle du patriotisme français (3).

La condamnation de Rennes fut célébrée, par les

(1) Tome IV, p. 437.

(2) La protestation que le cardinal Merry del Val rédigea en 1904 est une édition atténuée de celles de Rampolla (*Livre blanc du Saint-Siège ;* documents XXIV à XXVI).

(3) Une fois la lutte engagée, les catholiques sentirent rapidement qu'il fallait faire flèche de tout bois ; c'est ce qui explique l'article si violent de la *Civilità cattolica* sur les juifs qui a tant frappé Joseph Reinach (tome III, pp. 23-24) : mais cet article est la conséquence et non l'origine du mouvement ; il est possible que les jésuites aient suivi sans enthousiasme.

cléricaux, comme un triomphe ; mais elle ne fut pas sans effrayer beaucoup de républicains modérés. Jonnart, qui avait été un des hommes les plus marquants du Centre, écrivait le 24 septembre dans le *Figaro* : « Les barbares qui ont mené la campagne féroce dont l'arrêt de Rennes est l'aboutissant, peuvent se réjouir ; leur joie ne sera pas longue... Quelle force les derniers événements et la propagande de la *Libre Parole* et des moines ligueurs de la *Croix* ne donnent-ils pas à l'argumentation de ceux qui estiment que la République, comme la monarchie, ne peut supporter chez elles certaines associations considérables, puissantes et riches, conspirant sans cesse contre sa sécurité et l'ordre public » !

Tout le programme de Waldeck-Rousseau était contenu dans cette lettre. L'expérience de l'affaire Dreyfus avait montré que les associations laïques, si longtemps redoutées par nos législateurs, n'offraient aucun danger sérieux ; on pouvait donc leur laisser la plus grande liberté ; mais il fallait prendre des précautions extrêmes contre les associations cléricales. Waldeck-Rousseau voulut organiser un système de liquidation des congrégations non-autorisées, en vue de *ruiner*, d'une manière complète, les entreprises que sa loi regardait comme illicites (1) ; il espérait que la menace de la liquidation rendrait les catholiques plus prudents. Mais, en même temps, il espérait donner aux congrégations qu'il ferait autoriser, une complète sécurité (2).

Il fallut beaucoup de patience et de souplesse à

(1) Dans un discours du 28 juin 1901, Waldeck-Rousseau dit que « la dissolution d'une communauté religieuse ne peut être effective et ne cessera d'être une fiction qu'à la condition que la liquidation des biens soit organisée par la loi ».

(2) Il n'y a aucune raison pour contester le témoignage du P. Maumus, qui, dans une lettre du 15 août 1904, adressée au *Figaro,* défend la mémoire de son ami.

Waldeck-Rousseau pour faire aboutir la loi sur les associations, dont le texte fut très remanié par la commission. L'application devait soulever beaucoup de difficultés auxquelles il chercha à parer de son mieux, au moyen des règlements d'administration publique, promulgués le 16 août 1901.

Les catholiques firent un effort formidable aux élections de 1902 pour faire élire une Chambre qui appliquât la loi du 1er juillet 1901 dans un sens favorable à leurs intérêts ; le gouvernement, pour défendre son œuvre, dut employer toutes les ressources que lui procurait son pouvoir ; souvent Waldeck-Rousseau soutint des candidats beaucoup plus avancés que lui ; mais il ne fallait pas se montrer trop difficile dans une bataille qui donna seulement une majorité de 200.000 voix aux républicains sur 10 millions d'électeurs (1).

Vaincu par la maladie, Waldeck-Rousseau se retira et fut remplacé par Combes ; celui-ci appliqua la loi de 1901 d'une manière qui scandalisa son auteur (2). Waldeck-Rousseau n'aurait jamais supposé qu'un gouvernement pût méconnaître des promesses faites *diplomatiquement* par un prédécesseur (3). — Il lui sembla prodigieux de faire modifier par le Conseil d'Etat une disposition essentielle d'un règlement d'administration publique, qu'il avait fait rédiger pour fixer le sens de la loi conformément à des engagements pris par lui devant le Sénat (4). — Enfin, le

(1) Tome VI, p. 188. — Léon XIII a dit à Barthou que les élections n'avaient pas donné les résultats qu'il avait attendus.

(2) *Loc. cit.*, p. 425.

(3) On avait promis au Saint-Siège que les écoles congréganistes ouvertes avant le 1er juillet 1901 seraient regardées comme ayant une existence légale (*Livre blanc ;* documents VII à X. *Cahiers de la Quinzaine,* 5e de la VIe série, pp. 13-17).

(4) Suivant le système de Waldeck-Rousseau, les con-

gouvernement introduisit une procédure parlementaire extraordinaire ; il déposa des projets de loi pour autoriser les congrégations existantes et il y joignit des exposés de motifs concluant au rejet ; pour aller plus vite en besogne, la commission de la Chambre groupa ces projets en trois blocs et proposa de ne pas examiner les demandes en détail (1) ; la Chambre vota qu'elle ne passerait pas à la discussion des articles, et les congrégations furent regardées comme dissoutes pour cause de refus d'autorisation.

Ces actes blessaient gravement les habitudes d'un grand avocat; ils ne choquaient point Combes qui n'avait aucune idée des ménagements que comporte l'application des lois ; il ne voyait point que ses procédés eussent violé aucune disposition explicite d'une loi.

Le plus souvent, les ministres étrangers aux traditions administratives se montrent fort timorés dans l'exercice de leur pouvoir ; ils s'en rapportent beaucoup à leurs chefs de service, et ceux-ci les retiennent sur la voie des précédents ; Combes s'émancipa totalement de cette tutelle. On pourrait supposer que son éducation cléricale ne fut pas étrangère à cette attitude ; le prêtre n'a déjà pas à un haut degré le respect du droit, mais le prêtre défroqué applique dans la vie le rationalisme le plus mesquin ; cependant, il y a d'autres raisons plus puissantes à invoquer.

Ce médecin de petite ville fut littéralement ébloui par le monde dreyfusard qui l'accabla de flatteries, —

grégations existantes, qui demandaient à être autorisées, devaient continuer à fonctionner tant qu'elles ne seraient pas dissoutes par une loi (*Cahiers de la Quinzaine, loc. cit.*, pp. 75-77).

(1) Waldeck-Rousseau disait que cela revenait à placer les projets dans « trois sacs scellés et plombés, présentés à la Chambre comme de véritables boîtes de Pandore » (*Cahiers de la Quinzaine, loc. cit.*, p. 80).

alors que les journalistes cléricaux l'injuriaient. Des hommes d'une autre envergure que Combes auraient eu quelque peine à conserver leur sang-froid au milieu de la cour brillante qui acclamait le *vengeur* (1). Certains salons devinrent de véritables clubs anticléricaux, dans lesquels se décidaient les plus graves questions. Un conservateur, en arrivant de sa province, fut très surpris d'entendre de grandes dames faire l'éloge de l'excellent ministre qui se montrait d'une complaisance inépuisable. Anatole France transmettait à Combes, qui venait souvent le consulter, les instructions du beau monde. Nous nous trouvâmes ainsi reportés en pleine démocratie, aux mœurs politiques du XVIIIe siècle : à un gouvernement dirigé par des coteries de courtisans..... et de courtisanes.

Si Waldeck-Rousseau avait été juriste aussi profond qu'il était avocat habile, il se serait douté qu'une politique anticléricale ne pouvait se pratiquer en France, sans ébranler gravement l'édifice juridique : tout gouvernement ennemi de l'Eglise, pour vaincre l'obstination du clergé, a été obligé d'introduire de l'arbitraire dans l'administration de la justice ; cet arbitraire peut paraître de bonne guerre aux hommes politiques, parce que les catholiques ne ménagent pas les ruses pour faire échec aux lois qui les gênent ; mais les conséquences n'en sont pas moins déplorables. Lorsqu'on écrira l'histoire détaillée de la révolution dreyfusienne, on s'attachera beaucoup à la lutte anticléricale actuelle ; elle a eu, en effet, pour résultat d'habituer les esprits à n'attacher qu'une importance minime à la *sûreté du droit*, sans laquelle il n'y a pas de liberté.

(1) On a su par les papiers Montagnini qu'Alphonse de Rotschild était fort « irrité par la condamnation de Dreyfus et l'abandon d'une partie de l'aristocratie française ». Beaucoup d'autres grands juifs avaient à se venger des catholiques vainqueurs de Dreyfus.

VII

L'aristocratie républicaine. — Orgueil des grandes familles. — Scheurer-Kestner. — Rébellion de la démocratie contre l'aristocratie républicaine.

L'affaire Dreyfus a eu pour résultat de précipiter la ruine de la structure sociale qui rendait possible un fonctionnement passable du régime parlementaire. Les théoriciens de la politique ne me semblent pas avoir assez observé que les institutions du libéralisme moderne exigent que le pouvoir appartienne à une aristocratie assez intelligente pour appeler dans son sein tous les hommes dont la capacité fait honneur au pays. Les imitations de l'Angleterre réussissent fort mal partout où la démocratie introduit ses méthodes électorales, en vue d'écarter toutes les *autorités sociales,* — ou encore là où les classes dirigeantes se montrent trop exclusives. Il y a vingt ans, les républicains modérés étaient moins soucieux de faire une place aux jeunes ambitions (qui se lancèrent dans les partis avancés), que de rechercher l'alliance des familles qui avaient acquis un notable prestige sous les régimes précédents (1) : Napoléon n'avait-il pas voulu, lui aussi, fusionner l'ancienne et la nouvelle France ?

L'aristocratie républicaine rougissait un peu de Félix Faure qui, malgré une longue fréquentation

(1) Dans sa profession de foi aux électeurs du Tarn, Jaurès avait, en 1889, fait rappel aux conservateurs de « bon sens », les engageant à « entrer dans la République qui leur est ouverte » (tome III, p. 569). Il ne fut pas nommé, mais, comme il avait été candidat officiel, on lui donna par compensation (bien qu'il ne fût pas encore docteur) une chaire à la Faculté des lettres de Toulouse ; il devint socialiste plus tard — probablement par *raison d'éloquence.*

des hommes arrivés, continuait à n'être qu'un parvenu ; Joseph Reinach donne aux critiques de ses amis une forme particulièrement vive et précise, parce qu'il a étudié les principes des hiérarchies, mais son tableau correspond bien aux sentiments que le président inspirait aux gambettistes : « Bon compagnon, à la façon d'un commis-voyageur de grande maison qui se sait beau garçon,... d'une élégance vulgaire,... amateur de plaisirs faciles,... très peuple (1), dans le fond, jusqu'à son goût du paraître... Il était devenu tranquillement et sereinement ridicule... Il avait [introduit] à l'Elysée le faste et le cérémonial d'un bourgeois gentilhomme. Il avait rêvé d'un costume » (2). « Le gros de la nation avait fini par s'amuser de cet immense *Monsieur Jourdain,* qui jouait au souverain et se croyait de la race des empereurs, avec qui *il échangeait des visites* et des grands ducs qui *s'asseyaient à sa table* » (3).

Le monde républicain accordait les plus grands privilèges à la naissance; c'est en raison de sa noblesse de race que Cavaignac a pu avoir une fortune politique brillante. Sa mère lui avait répété souvent qu'il était destiné à être président de la République, et l'affaire Dreyfus parut devoir le conduire à l'Elysée (4) ; je me rappelle qu'à la fin de novembre 1897, un ami de Léon Bourgeois expliqua, devant moi, que Méline allait tomber à cause des complaisances qu'il

(1) Le sens de ce mot me semble être très péjoratif dans la langue de notre auteur ; on le retrouve dans le portrait si haineux qu'il trace de Charles Maurras (tome IV, p. 252).

(2) Tome II, pp. 624-625. — Ailleurs, à propos de la dernière audience au prince de Monaco : « Faure, contrairement à *l'étiquette dont il avait la superstition,* marchait à grands pas dans son cabinet » (tome IV, p. 548).

(3) *Loc. cit.*, p. 552. — On remarquera quelles nuances subtiles note Joseph Reinach.

(4) Tome III, p. 31 ; tome IV, p. 3.

avait pour les juifs, que la crise dépasserait, sans aucun doute, les têtes des ministres et que, dans quelques mois, Cavaignac remplacerait Félix Faure (1).

Le discours prononcé le 6 avril 1903 par Cavaignac, montre de quelle autorité se croyaient revêtus les hommes de grande naissance ; Brisson l'avait assez ridiculement excommunié au nom des traditions du parti républicain ; il lui répondit : « J'ai peut-être plus de droits que M. Henri Brisson pour parler au nom de *ceux qu'il a eu l'audace d'évoquer* tout à l'heure » (2). A côté de cette note tragique, voici une note comique : les fils de Sadi Carnot sont persuadés que la noblesse de leur race a été considérablement renforcée par le passage de leur papa à la présidence de la République ; ils veillent donc, avec un soin jaloux, à ce qu'aucune bribe de ce prestige ne soit détournée au profit de branches collatérales, qui sont infiniment moins qualifiées pour rendre des oracles propres à guider l'opinion (3).

Dès que des hommes nouveaux avaient été agréés par l'aristocratie républicaine, leur morgue devenait extrême ; ainsi, Hanotaux se sentit humilié lorsque Brisson lui donna pour successeur Delcassé « qu'il avait connu simple secrétaire de la rédaction à la *République française*, alors que, lui-même, il occupait déjà de hautes fonctions » (4). Cet Hanotaux est

(1) Joseph Reinach altère gravement la vérité quand il dit que Léon Bourgeois laissa échapper « soit indécision, soit faiblesse », le moment où il aurait pu intervenir d'une manière décisive en faveur de Dreyfus (tome III, p. 34) ; en réalité, Léon Bourgeois fut antidreyfusard tant qu'il crut qu'il y avait avantage à adopter cette attitude. — Berthelot avait nommé « roi des fourbes » (tome IV, p. 130) l'élégant sceptique qui s'est posé en apôtre de la solidarité.

(2) Tome VI, p. 239.

(3) Tome IV, p. 537 ; tome V, p. 365.

(4) Tome IV, pp. 15-16. — Quand Delcassé eut pris

cependant le personnage que Léon Daudet appelle le « laquais des maquignons Letellier père et fils » ; mais il avait professé à l'Ecole des Hautes Etudes ; il avait passé par les cabinets de Gambetta, de Challemel-Lacour, de Jules Ferry; il était entré à l'Académie française ; il méprisait les parvenus du journalisme.

Ces explications étaient nécessaires pour comprendre le rôle que joua Scheurer-Kestner dans l'affaire Dreyfus. Ce sénateur appartenait à la meilleure aristocratie républicaine. Il avait été le beau-frère de Charras et de Floquet ; il avait eu la gloire d'être condamné en 1862 par le tribunal impérial de la Seine, devant lequel il avait été défendu par Jules Grévy; il avait été, pendant la guerre, chargé, par Gambetta, de diriger un atelier de pyrotechnie; il avait été l'ami de Faidherbe, de Chanzy, de Denfert (1) ; il avait été un des fondateurs de la *République française* et il avait remplacé Gambetta à la tête de ce journal en 1881. — « Ce grand bourgeois républicain méprisait la plupart des journalistes » (2) ; Gaston Méry, étant allé pour l'interwiever au début de l'Affaire, eut l'audace de s'installer dans un fauteuil ; cette impudence du reporter n'aurait pas davantage scandalisé le duc de Saint-Simon qu'elle ne scandalisa Scheurer-Kestner, — qui « n'aimait pas la presse » (3).

Joseph Reinach et Ranc étaient persuadés que Scheurer-Kestner était le seul homme qui pût conduire à bon port la révision. Les défenseurs de Dreyfus ne pouvaient apporter de preuves décisives en

suffisamment contact avec le grand monde, il devint aussi plein d'infatuation (tome V, p. 67).

(1) Tome II, p. 168 ; p. 508.

(2) Tome III, p. 16.

(3) Tome II, p. 618.

faveur de son innocence ; il fallait donc que l'autorité d'un personnage universellement respecté vînt renforcer la force de leurs hypothèses et créer une présomption favorable au condamné ; alors, seulement, le gouvernement serait amené à faire les recherches qui rendraient possible l'annulation du premier jugement (1). « Quand Scheurer aura parlé, qui, parmi ceux qui le connaissent, mettra sa parole en doute ? » (2). Lui-même partageait cette manière de voir sur son rôle : « Il se persuadait qu'il emporterait les résistances, au jour voulu, par le seul ascendant de son autorité morale, sans violences, ni menaces, confiant en lui-même, confiant dans les républicains » (3). Le gouvernement semblait constitué à souhait pour faire aboutir les démarches de Scheurer-Kestner, car Méline n'était « pas un parvenu de la politique grisé par le pouvoir et jaloux de popularité,... mais un vieux républicain, l'ami et le collaborateur de Ferry (4).

Les événements donnèrent un rapide démenti à ces prévisions ; Scheurer-Kestner fut abandonné par presque tout le monde dès que le grand public connut les efforts qu'il faisait en faveur de Dreyfus. « Il devenait compromettant. Trarieux, Bérenger, pour s'être entretenus avec lui, ont été dénoncés par Drumont. L'avertissement ne fut pas perdu pour Freycinet (5) : un jour que Scheurer s'assit à son côté, il

(1) Pendant le procès 1894, le colonel Sandherr avait dit à Mathieu Dreyfus que les recherches qu'il voulait entreprendre pour faire réhabiliter son frère, seraient infructueuses s'il n'avait le ministère de la guerre à sa disposition (tome I, p. 366).

(2) Tome II, p. 505.

(3) *Loc. cit.*, p. 530.

(4) *Loc. cit.*, pp. 649-650. — Le parvenu dont il est question ici est Félix Faure.

(5) Ce politicien a dépassé en pleutrerie tout ce qu'on peut imaginer durant l'affaire Dreyfus; Joseph Reinach

dit qu'on serait mieux dans un coin discret de la bibliothèque. D'autres s'assurent, avant de lui parler, que les journalistes ne les observent pas... Le vieux parlementaire [dit à Buffet qui le félicitait de son courage] : « J'ai trop vécu, ce n'est plus mon parti (1). » « En quelques jours, Scheurer [perdit] plus d'illusions qu'en trente ans de vie politique... Il était vilipendé, sali ; son passé, tant de services rendus, ne comptaient plus ; les ministres le traitaient en ennemi (2). »

L'aristocratie républicaine se faisait de grandes illusions sur sa force ; elle avait été grisée par la victoire qu'elle avait remportée sur les boulangistes. Lorsque les scandales de l'affaire de Panama furent révélés, beaucoup de personnes crurent qu'elle allait sombrer, mais elle eut la bonne fortune d'échapper au naufrage. Elle se croyait tellement sûre de son pouvoir que des hommes, dont le nom avait été mêlé d'une manière fâcheuse à l'affaire de Panama, ne craignirent pas de prendre une part très active à la lutte que les dreyfusards prétendaient engager pour amener « l'irruption de la morale dans la politique » (3).

Les révisionnistes crurent habile de se servir beaucoup du *Figaro*, en vue d'agir sur l'aristocratie républicaine ; Joseph Reinach déplore que les grands journaux modérés et la *Revue des Deux-Mondes* aient

donne beaucoup de preuves de la lâcheté de Freycinet, mais il croit que chez cet homme l'esprit est très supérieur au caractère ; la haute intelligence de Freycinet est à mettre dans le même sac que la *profondeur* que notre auteur découvre dans les « contes légers » d'Anatole France (tome III, p. 249).

(1) Tome II, pp. 647-648.

(2) *Loc. cit.*, p. 673.

(3) Tome III, p. 404.

été indifférents ou hostiles (1) ; mais la presse distinguée ne pouvait avoir qu'une influence bien minime dans une bataille qui prit, presque tout de suite, des allures démocratiques. Le *Petit Journal*, la *Patrie*, l'*Intransigeant*, la *Libre Parole* (2), s'adressaient à ce menu peuple que le boulangisme avait déjà essayé de soulever contre l'aristocratie républicaine et qui avait été fortement ébranlé par les révélations relatives à Panama.

Dans les grandes transformations historiques, c'est assez souvent un sot qui prononce les paroles qui caractérisent le mieux l'époque ; cela arriva pendant la discussion de la loi de dessaisissement : « Lebret (3) descendit plus bas [que Dupuy], et le mot, le grand mot qui décida du vote, le plus vil qui ait jamais été prononcé à la tribune, ce fut lui qui le dit : Regardez dans les circonscriptions ! Tout disparut devant *cette vision du cabaret* où pérorent une douzaine de braillards, de l'officine où opèrent les sous-Drumont de province (4). »

Au cours de l'affaire Dreyfus, la démocratie prit ainsi conscience de sa force et elle cessa de redouter les autorités qui s'étaient constituées au-dessus d'elle. Les dreyfusards furent très surpris de voir que le peuple ne suivait pas les directions qui lui étaient données (5) ; ils voulurent faire aussi de la démocratie : Joseph Reinach déplore souvent les grossières injures que les révisionnistes lancèrent à la tête de leurs adversaires (6) ; on aurait pu croire, parfois,

(1) *Loc. cit.*, pp. 16-17 ; p. 159.

(2) Les dreyfusards nommaient ces journaux : « la presse immonde » (*loc. cit.*, p. 71 ; p. 227).

(3) Ce Lebret était professeur de droit; les professeurs de droit ne jouent pas, en général, un rôle bien brillant dans nos assemblées.

(4) Tome IV, pp. 544-545.

(5) Tome III, pp. 253-255.

(6) Cf. par ex. *Loc. cit.*, pp. 257-258.

que deux troupes de charlatans se disputaient une clientèle de voyous. Les dreyfusards ont réussi à imposer la réhabilitation de Dreyfus ; mais l'aristocratie républicaine n'est plus qu'un souvenir.

Rappelons, en terminant, que le second Empire s'est vanté bien des fois d'être un gouvernement démocratique; il l'était, en effet, car il a travaillé, avec beaucoup de persévérance et d'efficacité, à ruiner le prestige que possédait, encore de son temps, la haute bourgeoisie sur laquelle s'était appuyé le parlementarisme de Louis-Philippe. Cette aristocratie, dépossédée du pouvoir, ne cachait pas le profond mépris qu'elle éprouvait pour les nouveaux maîtres de la France : elle les regardait comme étant des aventuriers politiques, des écumeurs de Bourse, des hommes sans culture et sans moralité (1).

Dans les années qui précèdent la guerre franco-allemande, quelques personnes crurent que l'Empire allait se transformer pour devenir un gouvernement libéral (2); mais le monde bonapartiste n'entendait pas abandonner une part des profits qu'il retirait du pouvoir ; il ne voulait pas donner à l'aristocratie orléaniste la place qui lui serait revenue dans un régime parlementaire ; l'Empire libéral était ainsi rendu impossible faute d'une aristocratie.

La disparition de l'aristocratie républicaine explique pourquoi le régime parlementaire est devenu tout à fait fictif en France.

(1) A la fin du *XVIII brumaire*, Marx considère le gouvernement du 2 décembre comme une association de « bohêmes ».

(2) Renan dit que ses amis se rallièrent à l'Empire libéral, mais sans grande confiance (*Feuilles détachées*, p. 152).

Imp. coop. ouvr., Villeneuve-Saint-Georges. — Tél. 32.

www.ingramcontent.com/pod-product-compliance
Ingram Content Group UK Ltd.
Pitfield, Milton Keynes, MK11 3LW, UK
UKHW021144230726
13926UKWH00002B/922

9 782013 479783